大展好書　好書大展
品嘗好書　冠群可期

大展好書　好書大展
品嘗好書　冠群可期

楊式太極拳：13

張策傳楊班侯

太極拳 108 式

附 DVD

張喆 著／韓寶順 整理

大展出版社有限公司

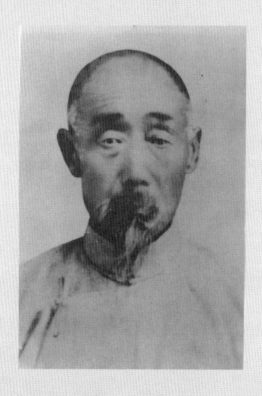

．張策（1866—1934 年），字秀林，通臂
拳名家。中年起在河北香河一帶收徒授
藝。晚年任北京國術館教練。民國二十三
年（1934 年）10 月 8 日，病逝於北京錦
什坊寓所。

· 張喆（1893—1959），字
既明。河北省香河人。
1934年，應邀來天津，在
南市武聖廟設通臂國術
社，收徒授藝。

· 張喆（中）與友人合影

‧鄧鴻藻（1918—1987），天津市人。五行通臂拳第四
代傳人，近代著名武術家。一生致力於傳播中華武
術，在海內外培養了眾多傳人，可謂桃李滿天下，為
五行通臂拳事業的發展貢獻良多。

5

· 鄧鴻藻（右四）參加全國武術比賽留影

· 鄧鴻藻先生（中）與部分弟子

▪鄧鴻藻（右）與沙國政（雲南）表演對練

▪鄧鴻藻（前排左二）等人與海登法師合影

▪鄧鴻藻（右）與天津摔跤名家張鴻玉

▪鄧鴻藻先生與弟子楊建生（右）、韓寶順（左）合影

▪ 鄧鴻藻先生講課時留影

▪ 鄧鴻藻（左）與天津武術教練劉寶玉訪問日本時合影

‧鄧鴻藻先生訪問日本留影

序

　　我的家鄉河北省香河縣馬神廟村，歷來有練拳習武的風尚。我家亦有幾代人習武。受此薰陶，我自幼酷愛武術，並很早就接受了系統的傳統武術訓練。尤其在五行通臂拳方面，數十年間鑽研操練，未曾間斷；同時，隨先兄張策（秀林）公（太極拳名家楊班侯先師的親傳弟子）研修太極拳，兩樣功夫兼習苦練，幾十年來，受益良多。

　　1934 年，我受邀請到天津教授五行通臂拳，開辦了「天津第一五行通臂拳社」，教授五行通臂拳和 108 式太極拳。在日常的教學活動中，我除了在拳社授課外，也受邀到各大專院校，傳授太極拳技藝。

　　就 108 式太極拳而言，我認為，於身體鍛鍊方面，由於其在運動之中，每個動作轉換相接，連綿不斷，配合呼吸進行舒展柔緩的運動，使全身內外筋骨五臟得到全面的鍛鍊，氣血運行順暢，精神充沛，從而達到強健身體的效果；而於技擊方面，由於太極拳

特殊的技術技法，在把握其原理和技術技巧之後，即可達到剛柔並濟，揉化剛發，四兩撥千斤的功力；而運用太極拳術的理念於我們的生活、學習、工作當中，亦大有裨益。我在幾十年的武術教學實踐中，以自己的切身體會和經驗教授學員，取得了良好的效果。

目前，全國在普及推廣太極拳運動，為了弘揚中華武術文化，我本著平生所學及鍛鍊中的體會，編寫了 108 式太極拳行功要訣與呼吸方法，供同好者共同研究。限於寫作能力不足，在本書文字與論解方面，恐有錯誤之處，尚希愛好武術同志指正。

張 喆

1958 年 5 月 20 日

編者說明

《張策傳楊班侯太極拳 108 式》，是張喆先生於 1958 年撰寫完成的一部關於太極拳行功方法的書稿，原名為《太極拳一百零八式行功練習要訣和呼吸方法》。據張喆親傳弟子鄧鴻藻先生生前介紹，張喆先生原計劃書稿的文字工作完成以後，配上圖像即正式出版發行。但書稿完成以後，還未來得及配圖，張喆先生即身染重病，一年後逝世，因此，出版工作即擱置下來。

「一百零八式太極拳」，是楊式太極拳創始人楊露禪先生之子楊班侯，親授予弟子張策（秀林）；張策又親授予張喆。1934 年，張喆先生到天津開設「天津第一五行通臂拳社」，在教授五行通臂拳的同時，亦教授太極拳技藝，並將本套太極拳毫無保留地傳授給弟子鄧鴻藻、張春裕等人。

筆者於 20 世紀 70 年代中期，在多年習練五行通臂拳的基礎上，開始練習本套太極拳技藝，直至 1987 年 9 月鄧鴻藻先生辭世。十餘年間，聆聽教誨，受益匪淺。

本套太極拳術，徒手方面包括一套完整的套路和太極推手及對練等內容，是楊式太極拳在其早期所練習的方法和內容。因此，它除了具備現代套路所要求和應具備的特點外，更具有技擊實用的價值，更強調輕靈、鬆活、圓潤、飽滿、柔順、自然的狀態；於養生方面，更具有氣血順暢、體態安舒、內固精神、外強筋骨，以達內外兼修、強身健體、延年益壽之功；於技擊方面，取拳打兩不知，化即是打，打即是化，挨至何處何處發，後人發先人至，四兩撥千斤之效。

練好本套太極拳，結合太極理論的研究和中國傳統文化的修養，對人的生活、工作、學習、處事、做學問、幹事業，都大有幫助。

長期堅持不懈地努力，隨著技藝的提高和知識的深化，你會逐漸體會到王國維在《人間詞話》裏闡述的古今成大事業、做大學問者必須經歷的三種境界：第一種境界，「獨上高樓，望盡天涯路」，苦苦思索人生的目標和方向；第二種境界，「衣帶漸寬終不悔，為伊消得人憔悴」，為了目標的實現而不懈地爭鬥；

第三種境界，「眾裏尋他千百度，驀然回首，那人卻在燈火闌珊處」，豁然貫通，歸於自然。

多年來在國家的大力倡導、扶持、鼓勵之下，太極拳越來越為廣大人民群眾所喜愛。尤其是傳統意義上的太極拳技藝，因其體用兼備的特點，更是為追尋太極拳真諦的愛好者津津樂道。張喆先生以其畢生實踐經驗撰寫的這冊太極拳方面的著作，雖然過去了近六十年，依然不失為一部具有指導意義的太極拳專著，相信對有志於太極拳運動的人不無裨益。

本書在整理過程中，文字部分沒有做大的變動，圖片和演練由筆者和蔣銳、王學亮、李慧謨、侯全友完成。我們雖和老一代武術家相較，有諸多不足之處，但也為補足本書之需要做了一些工作，如對習練太極拳者有所幫助，則不勝榮幸。因本人水準所限，在整理本書的過程中，有不足之處，還望讀者斧正。

韓賓順

目錄

第一章

108 式太極拳
練拳十要則

太極拳運動與其他拳術運動一樣，有其自身的規律和要求，把握好規律，按照要求進行規範的操練，假以時日，則可收到事半功倍的效果。否則，空耗了許多時間，收效甚微，實在可惜。那麼要練好太極拳，把握好以下十個方面是非常重要的。

一、注意虛靈

虛靈即是在拳術運動中，把握好動作虛實的轉換。在拳術運動中，練習者要根據兩腿支撐力量的轉換，分出輕重虛實，來維持自身的中正，並使整體動作運轉靈活，不失重心。這樣才能符合拳論中正安舒、支撐八面的要求。

如果動作滯遲，身軀自立不穩，失去運動中的平衡，不但拳練起來不符合要求，在與人對手時，也易為人所牽動而敗北。因此，在練拳時，總要以虛實二意為主。

凡一動轉，右腿實，則左腿為虛；左腿實，則右腿為虛。兩腿虛實轉換過程中，此由虛而化實，彼由實而化虛，互為協調，相互周轉，連綿進退，相循推動，上達腰胯，聯貫脊椎骨，支持全身，隨虛實的轉動而一致，從而達到動作輕靈有活力。

二、沉肩墜肘

沉肩墜肘是太極拳運動的重要要求。沉肩是將兩肩自然放鬆，無僵拙之力；墜肘則是雙臂在身前平舉時，兩肘尖部位要有一種自然下垂的意念和感覺。

之所以要求沉肩墜肘，是因為如此可舒緩胸腹間肌肉，使呼吸自如，做到氣沉丹田，全身動作自然，拳術運行協調一致。否則，難以達到鍛鍊的效果。

❖ 三、以腰為主

太極拳認為腰為人體之主宰，四肢百骸均須聽其調遣。練拳時每一動作，起落進退的動轉運行，都要以腰來領動。在以腰為主，以腿為根的基礎上，使拳術動作協調一致，流暢自然，收放自如，蓄發合度。

使拳術運動既有不僵不滯，不偏不倚，行雲流水般的優美體態，又有鬆活柔順，柔中帶剛，剛中寓柔，剛柔相濟，凌然不可侵犯的儒雅氣質。

❖ 四、尾閭中正

尾閭中正是保持身體正直的重要條件。雖然尾閭在脊椎骨的最下端，但它在運動中起到方向舵的作用。如果尾閭不正，就會直接影響脊椎骨並牽連到頭部，使身體扭曲，不能形成全身統一的協調動作。

動作失準，重心不穩，內外相逆，如船之失舵，全無方向，則鍛鍊效果可想而知了。

❖ 五、虛領頂勁

虛領頂勁是太極拳的第一要義。虛領頂勁是要將精神

振作起來，頭要正直，以頭頂百會穴處輕輕領起，全神貫注於練習中，使意動、氣和、身隨相一致。頭部頂直，中正以後，可以藉此來調整人體脊椎骨的位置中心，以主導全身的動作。

虛領頂勁是要在不僵不硬、鬆舒自如的條件下，貫通全身上下，進行操練。捨此不能練好太極拳。

六、一動一靜

由靜到動，由動到靜，是太極拳運動的基本規律。它是根據陰陽互為依存，動靜相連相因，兩相互為補充，互為協調的理念，來取其意義。一動一靜不是絕對的動和靜，而是相互依存，相互轉化，週而復始的活動。

太極拳即是這樣不斷伸縮起落，進退收放，連綿不斷，滔滔不絕地運行，結合虛實轉換，分出輕重緩急，心隨意轉，身動形隨，在鬆展自如的靈動中，培養本源，強健筋骨，增強體質而至健康。

七、用意不用力

意指的是意念。太極拳練習要求用意不用力，是強調在練拳過程中，在意念的引領下進行自如舒緩的運動；要避免使用僵力拙力。久而久之練出一種勁，即所謂的太極勁。這種勁形成，則可做到全身內外一動則無有不動，一靜則無有不靜；式隨意動，動至氣和，內外如一，勁整力合；靜如山岳，凌然不可侵犯；動若巨浪狂濤，摧枯拉

朽，勢不可擋。

❀ 八、注意丹田

注意丹田，是要求氣沉丹田。即練拳時，在意念的主導作用下，拳術運動配合呼吸的深、細、勻、長，由意念領動，隨呼吸導氣下納丹田，以增強內在的含蓄力。

注意，不是要去想，而是順其自然，有不期然而然的意思。越是想越是做不到，越是做不到越著急，久而久之不但拳術不能提高，也有損於身體健康。

❀ 九、呼吸方法

呼吸方法於練拳非常重要。太極拳強調呼吸要配合拳勢運動，要把握深細勻長的方法。在意念引導下，使呼吸與外部動作協調一致。

呼氣時，隨動作往外伸長頂實，要配合頭、身、腰、膝、胯、肩、肘、指的一體舒放，緩緩呼出。動作舒緩，氣血調和，以催發筋骨肌肉的內力。吸氣時，要隨動作往回含縮退還，慢慢吸入。這樣由內及外，又由外及內，隨式從容，節節貫穿地自如呼吸，以達內外充實的目的。但在沒有完全掌握方法時，練拳還是以自然呼吸為好。

❀ 十、聚精會神

練拳要心無二用，意識專一。目不斜視，耳無旁聽，

神無亂，行無迷。以鼻吸氣要閉口含息，呼氣以口徐徐呼出。深細勻長是為要義。舌頂上齶，隨呼吸一頂一放；吸時要頂，呼時要放。身體中正，不偏不倚，緩緩而動，不急不躁。規範操作，唯心恆志堅，功無間斷，操之日久，自能達到意動氣動身亦動，動作節節聯貫，周身氣血運行，循環不已，手眼身法步，精神氣力功具備。招式處處合規矩，動作處處適法度。練拳神形具備，繼續深造，可入化境矣。

以上十則，為練太極拳的基本原則。學者不可徒於形式，失其真義，空耗時日，以致無成。需細心領悟，於實踐中逐漸體會，一旦豁然貫通，鍛鍊有成，則受益無窮。

第二章

太極拳架練習及推手動作要領

一、太極拳架的練習

學習太極拳，首先要知道練習太極拳的正確方法和各項要則，以便從一開始，對太極拳的運動意義、運行方法和規則，體用兼備的特點，有一個比較清晰和完整的認識，在實際操練中，達到守規矩，合法度，逐步地掌握太極拳的真諦，登堂入室，取得成功。

太極拳徒手訓練主要有兩大部分，即套路練習（也稱盤架子）和雙人的推手練習。

套路練習是太極拳運動貫穿始終的重要內容，是把握太極拳運行規律，提高自身功力的必須修練過程。《孫子兵法》云：「知己知彼，百戰不殆。」盤架子練的是「知己」的功夫。

在盤架子的過程中，習練者依照動作要領，結合學到的太極拳理念和動作，選擇安靜的條件和環境，在徐徐舒緩的運動中，細心體會一趟拳架中所包含的於肅然空靈之中，漸漸由靜生動，動而復靜，由陰至陽，又由陽至陰，相互依存，彼此轉換，循環往復，生生不息，變化萬端的妙趣，從而提高自身的功力。

太極拳的練習亦和其他方面的運動訓練一樣，有一個由初級到高級，由理論到實踐，由淺入深的過程和發展階段。但就太極拳而言，無論哪個環節抑或階段，都必須很好地把握動作的靜動虛實及相互轉換的關係，使每個動作都做得圓潤飽滿，靈動活潑。

所謂靜的動作，就是虛；動的動作，就是實。在太極

拳演練中，因虛而致靜，動作是隨意識主導領帶全身，隨姿勢轉換時一體縮還；同時吸氣，做到全身內外一致的收斂含蓄，以意導氣，以氣運力，調和動作緩緩內收，形成身體外部的虛寓含蓄，以待往外抒發到動。

實即是動，是在動的過程中，動作由意識主導，隨著姿勢的轉換，身體內外一致地伸長頂實；同時呼氣，在意氣力的協調配合作用下，動作漸漸外展，形成身體外部的舒鬆壯實。

一趟盤架子的過程中，靜動虛實互相轉換，彼此因循，帶動全身活動。連綿周轉不已的依勢運行，使身體隨實而鬆伸，隨虛而含縮，於此鬆伸與含縮之間，體會意念主導，呼吸調節，體力運化的三大作用，促成身體內外協調一致的動作，從而增長精力，充壯筋骨，營養全身，以致健康。

所以，在太極拳一系列的聯貫運動中，能從操練裏體驗分化虛實的含義是非常重要的，可以說是鍛鍊中的基本原則。

太極拳運動中，虛以實為本，實以虛為根，兩相循環，彼此相依，連綿不斷。也就是由靜至動，動而復靜，兩相運轉，來領動全身靈活周轉，體會太極拳中妙變無窮的趣味；也才能實現運動的意義，取得實際的鍛鍊功效。

太極拳中，式式皆有虛實，而虛實亦為太極拳之根本。不知虛實，難以求靜動；不明靜動，難以測虛實。不知虛實，不知陰陽，也就失去練拳的意義。故練拳者，應以此為要領，練拳時須刻刻入意，細心體會，持之以恆，日久功成，則身健力足矣。

✤ 二、太極推手的基本要求

太極推手，是根據太極拳的運動方法，雙人進行的對抗性練習。

將單人鍛鍊中，由靜動虛實所達成之運動基礎，與拳術招式相配合，與對方相互推挽，運用各自的技術技巧，互相發動制約，各盡其能地相互運化、相互制衡，以達提高拳藝，增強功力之目的。

推手中，雙方利用練就的太極拳勁，以運化之妙，發揮機智，取勝對方。它是太極拳技術技巧的比拚，也是雙方鬥智鬥法的過程，又是檢驗自身功夫的標尺。藉此增強太極拳技擊實戰的技能，具有極佳的功效。太極推手是在「知己」基礎上，練的是「知彼」的功夫。

太極推手是太極拳懂勁、用勁鍛鍊的重要方法，也是太極拳登堂入室，步入技擊實際應用的重要階段。如果說太極拳架和推手是一件事物的兩個方面的話，若只會盤架子，即使練得再精，也只是完成了一半，甚至還弱一些。練習太極拳不但要會盤架子，而且要會推手，甚至強調必須會推手，否則很難說會練太極拳。

太極推手是甲乙雙方在身體接觸的基礎上，彼此各自運用太極拳的技術技巧，按照沾黏連隨的要求，利用掤、捋、擠、按、採、挒、肘、靠等方法，在得機得勢的情況下，破壞對方的平衡，採用四兩撥千斤的方式，將對方擊發出去（甚至將人擊倒擊傷，但是若非敵對狀態絕對不允許這樣做）的練習方法。

推手練習當中，也要按太極拳盤架子的要求實施練習，以意念統領全身動作，沉息含氣，聚精會神，隨彼動以動，隨彼靜而靜。以我之勁聽彼之勁，觸而知之，感而化之。既要以靜待動，又要爭取主動，不欲以力制人，不勉強而用拙力笨力。內固精神，外示安逸，不丟不頂，不偏不倚，不爭不抗，動靜相宜，妙化無窮，變化萬方，在你來我往的推挽之中，使彼方陷入進退維谷之中，無所措手足，漏洞百出，而被我所困。而對方欲攻擊我時，我則以揉化之法，破壞掉對方的來力，使之勁力落空，無奈我何。這樣的練習，對提高太極拳技術，強健體魄，都具有極大的幫助。

　　在太極推手中，不允許用拙力僵力進行對抗，因為以力持人，力一發出，極難收回，身體失衡，被人引進落空，使自己完全處於被動，為對方乘機發勁制之，不打自失。而且用拙力，也練不出太極拳空靈圓潤，一任自然的技術技法。因此，在太極推手中，必須運用進退伸縮、沾黏連隨、連綿不斷的技巧，如臨深淵、如履薄冰之警覺，隨勢運用揉化之妙法，不頂不抗，隨機緩撤，持穩控力，伏擊潛待，乘對方之虛，急於應手之時，發勁制之，此為得勢。得勢是依法打出竅訣，而不使對方避勁脫手。

　　雙方推手運化之時，應發揮太極拳動靜虛實，剛柔相濟的運化之妙，表現出機智靈敏，健捷疾速的運動作用，增長尚武精神。據此進行鍛鍊，堅持不懈，多方交流，相互陶然，共同提高，日久則事無不濟，力無不達，以至隨心所欲，事半功倍矣。

　　推手運化之時，彼方以擠法欲將我推出，我方應立即

用採挒法，急提對方腕肘，向斜側方捋帶化之。在採腕挒肘時，必須力疾手快腰靈活，腿穩固，使彼無法脫化。我以捋化之勢，破壞彼之擠法；彼則用肘靠之法，擊我前胸。我則繼續採彼方腕肘，莫令其再伸展；再以另一隻手反扣其肘，向上托掀折按，使其腰腿失中，向後跌出。我可再乘勢急行上步，進身將對方打出。

如對方與我用高架推手捋化，相互運行之時，手臂支撐過頂，因牽動過高，使腰腿失中，腳基不穩。當於此運轉失控之時，能便於得機得勢，我可用高帶吊空之手法，以挒制之。

所謂高帶，是於彼此黏連運化之時，我急提對方急來之腕肘，向斜側提調上挒，使其全身之力落空。

彼如掣肘退身，欲行脫化，我可順勢急行上步，將其按出。達到彼若進，當穩力，固守待機，而解化以制之。彼若退，而空虛，當急於速進蓄準中以擊之。

對方如用高按之手法，推制我腕肘，揉化之平衡力，我必須穩固腰腿，胯力坐中，掤住其來勢，全身含力且放鬆，隨其來勢，急向自身之兩側，或左或右，將其來勢引進予以解化，令其落空，自然失重，為我所制矣。

推手應用於運化中，若對方用按力，推我肘貼於胸肩不得鬆，而欲乘勢將我擠出，造成我向後傾腳失中，此時我當急於乘其上前欲擠之機，立即裹肘貼肋坐胯縮腰，將其按力化空，使彼不及退；再趁勢採挒對方之腕肘，使其難以回退再變，並乘勢將其捋出。彼如急於縮身回奪其力，我可乘勢上步按之，將其順勢打出。

總之，以上各法，是推手運化手法的一部分。而於實

際對比中，則手法多端，萬變無窮，非可以文字所能盡言。

在推手訓練中，一方面須注意到，彼此相對間的身高體力，及運用推手黏力之輕重剛柔緩急，變手時的應御靈活性，下部的腰腿平衡支撐力，這些相互關聯的完整統一性；另一方面，在於能識敵知敵，不可輕敵或欺敵。從始至終要全神貫注，精力集中，必須仔細觀察對方，關注在一靜一動之間，每個運化手段的手法，及其整體的精神方面和警覺性等細節。

彼如精力充壯，手法精靈，靜動相應，尚不冒進而以守待動，則我必須將精力貫足，穩固腰腿，沉息蓄力，輕柔輕化，以聽其力，以防其變；萬不可躁進欺敵，亦不可輕於發手制敵，需要培養全身的耐性，來延長互相推比的時間，由此可以漸漸消耗對方之體力。彼內力一旦消失，其中心的控制力變形或減低，我可乘機運用機巧而制之，則必能制勝。

如對方身高力大，恃力欺人，動則剛有餘而柔不足，且因善動而不能靜，慣於急進，而不尚解化退守之法，其心必浮而其性必躁，此時我亦不可輕敵，或因氣力大難以應對，發手畏怯，需主靜而少動，穩固腰腿，以守待動，與其輕柔巧化，不頂不抗，沉息聽力，誘其躁進，彼則力極難收，退而遲滯，趁此之時，剎那間，我順勢用採挒靠擠等各種適於應變制敵的手法，借彼之來力而牽制之，彼自落空傾倒矣。

綜合以上推手解化之法，必須做到守則穩固以待發，攻則疾速敏捷有力，使對方難脫難化；以靜制動，以空虛

化實重，乘勢引進落空以制之。

是故太極拳推手動作的要領，必須熟識其變化原則。它是從靜動、虛實、調息、蓄力的四大原則，多化鍛鍊，漸漸培養如一而運化出。既可以培養輔助精力，藉以助長人體之運動踐行能力，鍛鍊警覺靈變及測識力；同時，相應地提高了思維反應能力。

故凡練太極拳及推手，須久練有恆，功不間斷，自能運用妙化無窮，變化無方，隨機而化，乘勢得用，空靈神妙，人不知我，我獨知人，處處占得先機，達於四兩撥千斤之功效。

第三章

練功要領與
呼吸方法

本章主要講的是 108 式太極拳盤架子當中的一系列問題。分為兩個方面：

其一，行功走架中總的要領；

其二，每個動作姿勢的練習方法及與呼吸的配合。

108 式太極拳行功走架的要領，是要求在盤架子過程中，必須掌握的動作要點，依此練習，才會逐漸領悟太極拳的精髓，而掌握其運行規律，從而練好太極拳。

依式鍛鍊時，必須要神情專注，細心體會練式要訣與呼吸之間的調運方法，兩相結合，舒展緩慢，自如靈動地運行各個姿勢，無論是前進後退，伸縮往來，起落收放，由高至低，行左轉右，都要做到式未動而意先行，以意領式，式轉則氣力自隨，使整趟拳架練時意動形隨，神情飽滿，圓潤流暢，空靈自然，達到強身健體的目的，給人以美的享受。

故凡練太極拳，千萬不可急於速成，求快而失真；或只偏於表現姿勢的外部美感，而失去鍛鍊運行中扶益筋骨、調和氣血的作用；或於演練中，心性急躁，精神散亂，行不隨意，手不應心，啟動作勢的運行規律，不能相應一致，使腳腿腰筋骨項頭臂肘手等方面的協調支撐作用失於平衡，不能轉化出靈敏健捷的運行作用，既影響了體內氣血的舒暢運行，也使精神散亂，動作運行轉化不能連綿貫通，若此，難以達到鍛鍊運行的實際效果，空耗體力，徒費時光，茫無所獲，豈不惜哉。

一、練功要領

1. 掌握頂精領起與含胸拔背的正確方法

　　頂精領起，就是常說的虛領頂勁。它要求以意識來領動頭頂的百會穴，使頭項保持正直，調正身體的中心，自頭頂至尾閭，使人體脊柱保持自然的中心支撐力。以意念領動精神，以貫通一致的蓄力上頂。久之，自可以姿勢轉換時，配合向外伸蓄內勁，調動全身的整力，使拳術運行轉化靈活，內勁不斷。

　　由於以意領住，借氣行力，兼蓄待發，隨動舒展，隨靜含縮，外示安逸，內力充盈，隨屈就伸，轉化靈活，體內氣血運行調勻一致，則使拳術運動體現出支撐八面、動及五方、精神充盈、協調美觀的效果。

　　這樣不僅於強身健體有益，在技擊實戰中亦會占得先機。如若在鍛鍊時，不能依循規律，沒有做到頂精領起，就失去了太極拳最重要的作用。即使外部姿勢再美觀，也只徒有其表，於健康無太大補益，於實戰當中更是有百害而無一利。

　　所以，練太極拳在每一個姿勢轉換時，能以頂精領起，貫通一致，牽動起全身內勁，不但外部可以啟動全身的中心支撐力，使四肢軀幹得以運行靈活；內部則領動脊椎骨，可以增強上下一體的含蓄性內勁，形成內外一致的整勁；並使精神貫注，動作敏捷，全身輕靈；內則氣血運行順暢，外則動作舒展大方，靈活舒緩，內勁充盈，既有

益於自身的健康，又給予人運動美的享受。

含胸拔背是練太極拳的又一重要動作要領。含胸拔背即是兩肩自然狀態，向下鬆沉。它的主要作用是放寬胸腹間肌肉，及肋骨的回縮與舒張量，用來調節呼吸，增強肺臟的換氣量，配合姿勢運行轉換，吸氣與呼氣，達到隨氣調適動作的靜動、虛實、含縮、伸蓄，疏導氣血，充壯精力，增蓄內勁，含而待發。不能含胸，則無法調試呼吸，增蓄內勁，也就失去了練拳的重要作用。

含胸與拔背是相關一致的，兩者相互依附。含胸是攏起脊椎骨之內力，隨勢上提，支撐起腰身的潛蓄力，隨式隨吸氣，領拔起脊椎骨的中心力，以牽動全身，使下部輕靈，便於腰腿隨式靈活轉換，達到含蓄內斂，化虛為靜的運行規律。由含胸領起脊骨，吸縮潛蓄支撐內力的作用，使因鍛鍊生發的精力，斂以入骨，增骨填髓，滋生深蓄了筋骨間的內力。又因其運動的綿連運化，生生不息的特性，乃能使內力剛柔兼備，以至達於極柔軟而至極剛健的境界。

此方是太極拳運行內勁的重要基礎。由此兩種內勁的隨動運化，能分出虛實、靜動兩級相對，互相依循運轉，以配合頂精領起，伸蓄外展，頂實為動，兩者互相連綿，週而復始，循環不已。身體隨伸蓄而含縮，隨呼隨吸的由內增蓄而外展，因外展而復含縮，疏導氣血，運動筋骨，充壯精力，達到鍛鍊之目的。

含胸拔背，是太極拳由動化靜的動作要領；頂精領起，是太極拳由靜生動的主要方法。兩者相互因循，是練太極拳最主要的中心規律。在每一個動作的轉化間，一定

要運用這種方法，才能體現出虛實靜動，綿綿增蓄的效果。故練太極拳，必須從實際操練中慢慢培養鍛鍊和掌握這種方法。

初學者雖一時不能體會，若能堅持日久，細心揣摩，刻刻用意，以意統領全身，由上至下，又由下而至上；由內而外，又由外而內；時時不丟，處處不頂，節節貫通，自然演化，使兩相併存而成一致，則自然運化妙到，自身康健，遇敵則妙化自然，取勝不難矣。

2. 注重腿部互換虛實的作用

太極拳在每個架式動作中，雖不能離開頂精領起、含胸拔背的動作要領，還需兩腿做基礎，支撐身體，前後左右，上下內外的運轉平衡，使身體不失重心。

在運動中，身體隨式運轉靈活，中正不傾，腰借腿力，腿隨腰轉，互相關聯，相互牽動，維持全身的運動平衡和中心支撐力。如於練拳中有動作運轉不靈、腰僵腿硬、頭斜身歪的現象，是沒有很好地調整姿勢的中心支撐點之故；也就是腿和腿之間，用力不當，腰腿行力不一致，出現的上搖下襬，根基不穩，轉換不靈，形滯氣離，身動肩搖，手腳散亂的現象。

這樣的鍛鍊，實際是空耗體力，不但無益身體康健，久之反有損健康，更不能臨敵致用。故練太極拳，必須掌握腰腿一致的運動方法，和兩腿互換虛實，彼此支撐協調一致的動作要領，利用兩腿運動平衡點的變化，支撐上體的活動重心；再配合兩腿於虛實的支撐，互相倚重，互相轉換的作用，才能使身體重心轉換靈活，拳路敏捷適中。

因此，凡欲練好太極拳者，需要兩膝虛實轉換，以支撐上身，連結腰胯脊骨運動，協調一致；要很好地把握兩腿之間，彼重此輕，此動彼隨，互相支撐，虛而實，實而虛，兩極相對，相互轉換，式式聯貫，運行不已，身體不搖不傾，上下中心一致的運動要領，從而使身體無處不順暢，身體內外皆順，則無不健康之理。

理解兩腿的虛實轉換，與頂精領起、含胸拔背相一致的動作要領，是非常重要的。在實際操練中，時刻注意，經久不懈地練習，在隨靜隨動，隨虛隨實的運行轉化中，細心體察其中的規律，就能探知其中的奧秘，待到階及懂勁，則豁然貫通矣。

3. 把握坐胯鬆腰鬆肩墜肘的要領

坐胯鬆腰鬆肩墜肘，是太極拳運動又一個重要的要領。在盤架子中，兩腿虛實轉換，支撐起全身的重力。在運勁過程中，由腿及腰，聯貫一致地領動脊骨，來增蓄內力，全身一體，一動無有不動，一靜無有不靜，上下調和，內外一致，隨著每個姿勢的靈動轉換，來運行四肢，催發內力。

往外催發內力的時候，必須要鬆腰坐胯，鬆肩墜肘，使運動的中心支撐力，由腿及腰，貫達脊骨，催發於四肢，周布充壯於全身。

練拳時，凡向外舒展的動作，隨著招式的運行轉換，由靜到動的伸長頂實過程中，往外抒發內力時，應隨動作，胯力徐徐往下坐，以穩固兩腿的支撐力，並聯貫腰力，漸漸放鬆，隨意牽連脊椎，身體下坐，使全身肌肉舒

緩放鬆，進而致氣血調和，促進筋骨間的內勁生發，使內力得以向外伸抒發放。同時，隨動作的徐徐外展，配合鬆肩墜肘，使伸舒之力，由腿及腰達於脊椎，催發貫於兩臂，蓄於肘，進而達於手指足趾端。

之後含胸拔背吸氣，全身含縮，使舒鬆外展之力，從容緩慢地由意念主導，隨動隨吸氣，將勁力復收斂於內，使動勢轉換為靜。

如此，在鬆腰坐胯鬆肩墜肘的作用下，使拳術運動在動靜虛實之間彼此相通，兩相周轉，循環不已，協調全身，上下一致地動作。如此隨動隨靜，靈動運轉，節節不脫，式式相合，由意導氣，以氣導力，結合動作要領，勤修苦練，把握太極拳的真諦不難矣。

二、108 式太極拳各式要訣與呼吸方法

1. 起 勢

首先要立身中正，兩腿並齊，氣沉丹田，目視前方；周身精神振作，意識貫注。

左腳徐徐提起緩緩向左開步，至與肩等寬時，腳尖正直在左側落步（兩腳不能成八字形開步）。將氣調順，心要穩定，頭項頂直，尾閭略向內翻捲上提，調整好脊椎骨的支撐作用。鬆肩墜肘，兩臂舒展與身軀相合，兩手心內扣，雙目平視。由此開始動作。此為由靜生動。動時先以兩手背領動向前，徐徐抬起到與肩平齊，然後再伸直十指。隨勢吸氣。

鬆腰坐胯，雙腿徐徐下蹲（以膝蓋彎曲不超過腳尖為度，亦可微彎曲。須視自身腿部力量的強弱，來決定下蹲的程度），以意領動全身。呼吸隨時配合，氣息要勻緩深長。兩臂保持姿勢，向左轉腰，至左側而後，開始略向內回帶，身體略向上微起。雙掌在身前隨轉腰隨向右平滑（此時略有下按之意），隨後繼續向右轉腰，並向右側外方向推掌（此式要求兩腿微屈情況下，雙掌在身前以略高於腰的高度，隨腰由左向右地轉動，在身前劃一平圓）（圖3-1～圖3-8）。

張策傳楊班侯太極拳108式

圖 3-1

圖 3-2

圖 3-3

圖 3-4

圖 3-5

圖 3-6

圖 3-7　　　　　　　圖 3-8

呼吸方法

此式為由靜而動的關鍵。兩臂徐徐向上抬起時緩緩吸氣；下蹲時緩緩呼氣，至轉腰向左均為呼氣，至向內帶雙掌時轉為吸氣，直至內收劃圓時均為吸氣，再到向外推掌至第二式起時，則轉為呼氣。

2. 上步擠

由前式腰身下鬆後，左手手心向裏，屈臂向左斜前側方向滾擠；右手手指認住左掌腕脈處，肘微屈與腹部平，手心向外，隨左臂的向外滾擠，向外側按掌。同時，身腰先向右轉，右腿坐胯踏實。左手再由下方手心向上與右手攏和。左腳尖向右扭，右腿拿力，左腿虛化向上，在身前提起，隨左臂向前滾擠的同時，向左前方落步，成左弓步，與左臂和右掌形成的圓，向左腿邁出方向擠出（圖3-9～圖3-11）。

此式要特別注意，要求左手背向外與右手合力推擠抱圓，向左舒肩擠出時，要勁力一致。

41

圖 3-9 　　　　　　圖 3-10 　　　　　　圖 3-11

呼吸方法

上動要周身一體，隨動隨向左轉腰。精神領起，氣息調勻。左腿提起時開始吸氣，隨吸含胸拔背，換式提縮，動則復靜，蓄而後發。左腳向前蹬邁，落地踏實，右腿化虛；左肘隨式漸漸屈肘攏抱上提時，要與胸平齊。

隨式隨動吸氣，吸而後呼，呼則意識相應，頂精領起，以調動脊骨之支撐力，牽動身腰，隨呼吸的運行，舒鬆身體內外，使內力逐漸伸蓄外展。

2. 攬雀尾（掛）

由前式，左腿屈膝踏實，提右腿至身前。左掌在上，右掌在下，在右膝外側抱圓。以左腳跟為支撐軸。此時身要中正，左臂屈肘，手心向下，右手心向上，往右側轉腰旋身，整體向右盤旋掛右掌。身體向右轉 90°，到正面方向後，右腳落步。右掌帶動左掌，兩掌心相對，向右斜方向掛出，至右手臂在右側方向微屈為準。

掛時要以意領動，含胸拔背，隨式調息吸氣，徐徐盤

轉，手眼相應，來扭動腰脊。掛至頂點後，兩掌隨腰動，同時徐徐翻轉，使右掌心向下，左掌心向上，兩掌斜向相對，向左側經身前向左側後捋帶；至左側後，左臂微屈肘，掌心向下，右掌翻掌，手心向上，兩掌成抱球狀；右掌向上領帶滾擠，左掌以中指距右腕約 3 公分，認準右脈處，隨右臂向前滾擠；隨轉腰向前滾擠，輕靈提縮，使氣力內斂，柔中寓剛，綿綿聯貫，同時向右前翻轉手臂，右手轉到正面手心向下。右腿隨上身轉式後，腳跟著地踏實，左腿化虛。

隨轉腰，左掌不停，越過右掌背，掌指向右，以掌外沿裹過右掌背。兩掌同時外翻轉，使兩掌在身前翻捲至掌心向上；兩掌同時向胸前回帶，意念放在兩掌大拇指根處；雙掌引帶至胸前後，同時向下翻掌下按，後隨動向前推（圖 3-12～圖 3-19）。

圖 3-12

圖 3-13

圖 3-14

圖 3-15　　　　　圖 3-16

圖 3-17　　　　圖 3-18　　　　圖 3-19

4. 打

　　由前式，右腳踏實頂右膝，腰要鬆。隨轉腰，須頂精領起，全神貫注，兩臂舒展，徐徐向前推按，隨式調息呼氣，將氣徐徐呼出。

　　此時身體相應地隨著坐右胯頂膝，雙掌隨身體略前移，依式前推出，並隨呼氣伸蓄綿力頂實。漸伸漸推漸呼氣，要做到隨上式的動作，連綿不斷（呼氣時，要舌尖放

下，氣自嘴中徐徐呼出；吸氣時，要舌尖頂上齶，用鼻吸氣。以下諸式呼吸皆如此，不再贅述），直至頂實（掌心勞宮穴有向外突出的動作）（圖 3-20、圖 3-21）。

圖 3-20　　　　　　　圖 3-21

5. 駝

　　由前式，雙掌推向前方至頂點後，手指再徐徐向前繼續送出，待雙掌伸直，手指向前，手腕略上抬後，手指尖微有向內扣之意，手心向下，十指舒攏。坐左胯，身體略向後收，右腿化虛。

　　雙臂以肘向後，貼肋徐徐回縮；隨式含胸拔背，緩緩吸氣，綿力提縮，精神內斂，蓄意待發。達到動中寓靜。至腰際時，雙掌向胸前提起，並繼續吸氣。

　　上式動作要連綿不斷，勁力順達。姿勢運行轉化，要節節貫穿，隨動轉靜，隨靜再轉動，要自然無垠（圖 3-22、圖 3-23）。

45

圖 3-22   圖 3-23

6. 打

接上式，上動不停，雙掌向下駝至腹部，向上引帶，
再向前齊胸高度徐徐推按，隨推掌，徐徐向外呼氣（其餘
動作同 4 式）。

7. 揉

由前式，十指鬆伸，兩腕微向上抬，雙肘盤屈，雙掌
手心均斜向下方，猶如雙掌下有一圓球，兩臂中間要圓，
兩掌心下的「球」要圓。沉肩墜肘，含胸拔背，以意領動
身體，向右扭身轉腰，右腿坐力，左腿化虛。雙手隨腰右
旋。隨動隨調整呼吸而吸氣，綿力提縮，精神內蓄。

待雙手緩緩盤旋至右斜外側時，坐左胯左腳踏實，右
腿隨即轉換化虛，以左腿支撐身體的大部分重量，並使脊
椎骨中正不傾。雙掌引帶至右側後，向左轉腰，雙掌繼續
向身前引帶並有下按之意，並隨下按向外呼氣，隨呼隨向
左推雙掌至左側前方時，左掌心向下不變，微屈肘在身左

側，有向前擠之意；右掌翻轉使掌心向上，與左掌相對成
抱球狀。

此時要圓轉靈活，隨運腰隨轉身運掌，使氣勢相接，
虛實靜動，轉換自如，連綿妙變（圖 3-24～圖 3-27）。

圖 3-24　　　　　　　　圖 3-25

圖 3-26　　　　　　　　圖 3-27

8. 掛　打

接上式，腰由雙掌抱球時，向右轉並開始吸氣，向右
掛掌，意念放於大拇指根處；左掌以掌外沿向前方切，右

掌隨轉腰一致地向右掛；隨右掌向右掛
的同時，左掌逆時針旋轉，至雙掌勞宮
穴對各自乳頭時，身體對正前方，雙掌
以拇指根部微微用力向後引帶。身體也
隨之向後移動，將重心緩緩移到後腿。
隨身體後移，緩緩吸氣。

圖 3-28

隨之，雙掌同時向內翻轉，由胸前
邊下按邊向前推，至於腹部位置時，雙
掌繼續向前，並漸漸升至齊胸高度緩緩
推出（圖 3-28～圖 3-31）。

圖 3-29

圖 3-30

圖 3-31

9. 尾

由前式，兩雙掌向前打出以後，兩掌指再向前徐徐舒
直；兩臂沉肩舒伸，隨式含胸拔背，頂精領起。同時，長
腰吸氣，再漸漸坐腰鬆肩墜肘，兩手腕部引領雙掌，兩臂
綿力提起，緩緩上提至與肩平，而後腰向左轉；隨轉腰，

雙手徐徐向左挒帶，並向外呼氣。腰隨式轉，隨轉隨挒漸漸挒至左側。腳力踏實，右腿化虛。

動作不停，雙掌向胸前回帶，同時吸氣；隨即腰身向右轉，雙掌在胸前向右平移，兩臂綿力伸蓄，至右方兩臂向右側舒伸。重心由左腿移回右腿。

圖 3-32

同時，長腰再吸氣綿力提起。又漸漸坐腰，鬆肩墜肘，隨式頂精領起，勁由脊發，雙手徐徐右挒再呼氣，腰隨式轉，隨轉隨挒，漸漸移動。將右腿坐實，左腿化虛。

此式要隨挒轉隨以綿力伸蓄至右方。依式左右運行轉化，要有提縮舒伸之輕靈妙變，以充壯內力，配合呼吸，協調全身之整體運動（圖 3-32～圖 3-35）。

圖 3-33

圖 3-34

圖 3-35

10. 單鞭

由前式，腰向左轉。隨左轉腰，兩掌漸漸拉開距離，右手上提成勾手，並向右伸展與肩平。右腿坐實，左腿提步併攏於右腳內側，隨式含胸拔背吸氣，再提左腿向左斜側方向，蹬邁腳跟踏實（此時身體已向左後轉了180°）。

同時，左臂屈肘，手心向裏，隨身腰向左轉，再反掌手心向上方，以左掌大拇指根部，略回帶後掌心翻轉向前，徐徐向正前方打出。

左掌打出的同時，屈左腿頂膝，成左弓步，鬆腰鬆肩，右腿在身後微屈。頂精領起，勁由脊發，隨式呼氣。左手向前緩緩伸蓄內力打出的同時，漸動漸呼氣，以增蓄抒發丹田之內含力，使之達到連綿不斷，意氣相合的效果（圖 3-36、圖 3-37）。

圖 3-36

圖 3-37

11. 低手下勢

由前式，腰身略向右轉，隨轉腰隨吸氣。右勾手變掌，兩掌徐徐向中間併攏。身向後坐，重心由左腿移至右腿，繼而重心漸漸再移回左腿。左臂微屈，左手心向下，左小臂微屈，往正前方提攏與肩平，坐左胯，左臂向前擠出。與此同時，右腿在身後緩緩提起，齊胯高度向前攏右腿。右手隨右腿抬起的同時也向前攏，與右腿向身體正前方落步的同時，停於右腳前方向。

右腿自身後向正前方抬起並落步，右臂手心向下向正前方與左臂靠攏時，要隨式長腰提氣，含胸拔背，合力提懸。再徐徐蹲左腿，鬆腰拔頂，舒肩墜肘，右腳在身前落步為虛步。全身略向上領起呼氣，兩掌緩緩下送隨式下按，右手在前左手在後，雙掌心向下。右腳尖虛踏，左腿坐實。依式緩舒緩按，內力漸伸漸蓄，式式連綿不斷（圖3-38～圖3-42）。

圖 3-38

圖 3-39

圖 3-40

圖 3-41 圖 3-42

12. 提手上勢

由前式向左轉體，右手徐徐下落，重心漸漸移至右腿，坐右胯，右腳踏實；左腳向左側前方向邁步，以腳尖虛踏地。左臂微屈肘，掌心朝左，隨右掌下行，徐徐轉臂使左掌心朝右，並向上提至齊腹部高度；兩掌繼續按原運行軌跡動作。腰先右轉再向左轉，身子整體先向前微傾。

然後左掌由前向內回收，右掌向前向上方運行，右手臂微屈，自右下使右掌與左掌心相對交錯上提運行，左掌則向身前左下方運行。此時腰身中正，隨式含胸拔背，含力吸氣，提縮內斂。

右手臂微屈緩緩上提至過頂，達到身軀自然挺直，長腰領臂，手眼相隨，拔頂呼氣，調息頂蓄，使內力外展，達到由腳跟以至頭頂。上提右掌和左掌下按，要隨式自如呼吸，全身抒發綿力伸實，方可以虛化實，使氣力得以依式含縮與伸蓄，調動內外之整勁（圖 3-43～圖 3-45）。

此式關鍵在於腰的運轉要適度，向左略轉腰後，向右

轉腰時，右腿要徐徐隨腰動隨下坐右腿。雙掌運行要圓潤，有外掤力，右掌運轉至右斜方時，左掌隨勢緩緩鬆垂下按，攏胸拔背，含胸吸氣。周身上下形成整勁。

圖 3-43　　　　　圖 3-44　　　　　圖 3-45

13. 白鶴亮翅

由前式不停，左腳向內，以腳跟為軸，前腳掌向內扣；然後右腳掌以右腳跟為軸向外擺，向右扭身至右正前方，身軀向右轉體後，徐徐下坐左腿。隨式含胸墜右肘吸氣，右掌運行至右斜上方與頭平齊後，隨腰的右轉，雙掌同時翻轉，右掌向內翻轉，使掌心向下；左掌向外翻轉，使掌心向上。

繼而，腰向左轉，雙掌隨轉腰隨向下引帶，重心由右腿移向左腿，隨之右腳以腳跟為軸，腳掌內扣，隨左轉腰，身體向左轉，重心移至右腿，腳踏地站實，左腿屈膝提起後即向左側前方邁一小步。隨左轉身，右手鬆肩下按，停於腹前。同時，鬆腰坐胯，頂精領起，隨式呼吸，

使內力伸蓄外展。依式左掌隨左轉身，含胸拔背，左臂屈肘側立，掌心向下，停於左側位置，掌高與頭齊平。

此時呼吸轉換要自然均勻，吸氣時，綿力含縮以待發式；呼氣時，要配合勁力的打出而呼出。同時，提左步向左斜方側邁步時，以足尖虛踏地。左手隨式向左斜側打出時，要鬆腰拔頂，使內力外展頂實，以掌心撬力，向外打出（圖 3-46～圖 3-53）。

圖 3-46　　　　　圖 3-47　　　　　圖 3-48

圖 3-49　　　　　圖 3-50　　　　　圖 3-51

圖 3-52　　　　　　　圖 3-53

14. 摟膝拗步

　　由前式，左手前伸，向右攏與右肩對齊，含胸掣肘。左步回提與右腿併攏，右腳踏實，左腳尖點地。同時，右手自右後側，掌心向上抬起至耳後，成掌心向前，左掌向右肩運動的同時漸漸吸氣。

　　上動不停，向左轉腰，依式隨轉腰，含胸拔背，以領動脊骨，使內力提縮吸氣，為靜中待動。同時，左腿向左斜側邁出，腳跟著地。左手隨式摟膝，右手隨即齊胸高度，向左斜側前方打出。頂左膝壓胯成左弓步。

　　此時，左掌在左膝外側，右掌在胸前微屈臂向前推出，雙掌到位時，其勞宮穴均向外微凸。同時要鬆肩，頂精領起，勁由脊發，呼氣使全身內力，漸伸漸蓄，指尖頂力，意念貫注。此式運行，要舒緩聯貫，心手相應，連綿不斷（圖 3-54～圖 3-56）。

55

圖 3-54　　　　　　圖 3-55　　　　　　圖 3-56

15. 手揮琵琶

　　由前式右手不動，提右腿上步，與左腿併步以腳尖點地，左腳踏實。此時左實右虛。同時長腰，右手指平伸，左手位置相對不動。

　　繼而右腿隨式後撤回原位置。右掌自正面隨身腰後撤；同時，左手自左側向前伸臂攏抱，右掌心在胸前停於左肘內側（圖 3-57～圖 3-60）。

　　　　　　圖 3-57　　　　　　　　圖 3-58

圖 3-59　　　　　　　　　　　圖 3-60

此式運行，依身體運動，含胸拔背吸氣，含縮內力，隨式拔頂，鬆腰沉肩屈肘。呼吸要隨身形勁力的調整伸蓄，自然運行。右腿先併步與後撤步，要穩重有靈動；雙手配合要協力舒展，使全身之氣與力，依式頂實，綿綿貫蓄；轉化相接，嚴謹自然，不留痕跡。

16. 左摟膝拗步（同 14 式）

17. 右摟膝拗步

接前式，右手前伸向左攏與左肩對齊，腰先向左轉，再向右轉，坐左胯含胸掣肘，提膝上右步，向右斜側蹬邁，腳跟著地踏實成右弓步。右掌摟過右膝，停於右腿外側；同時，左手自左後側，掌心向上抬起至左耳側，而後掌心向右斜側方緩緩打出（圖 3-61、圖 3-62）。

上述動作要聯貫運行，並依式做到含胸拔背，以領動脊骨，使內力隨吸氣提縮，為靜中寓動。同時，左掌向前

打出、右腿屈膝成右弓步，要隨腰的擰轉一氣呵成。

　　此式需頂右膝，壓胯鬆肩，頂精領起，勁由脊發呼氣，使全身內力，漸伸漸蓄，得以外展。左掌打出至頂尖時，指尖繼續頂力，意念貫注於向前打出之手。

圖 3-61　　　　　　　　　　圖 3-62

18. 左摟膝拗步（同 16 式）

19. 手揮琵琶（同 15 式）

20. 二起掌

　　接手揮琵琶式，兩掌同時向內翻轉反掌，使手心向下，左手在前，右手在後，左掌根與右掌指尖，相距約 10 公分。右腿坐胯，腳力踏實；左腿在前，虛踏地。隨式含胸拔背，縮腰吸氣，提含內蓄之力，動中化靜。兩手位置保持不變，隨腰身領起，同時徐徐向腹部回撤。左腳隨雙掌回撤，亦向後回撤小半步。雙掌回撤至腹前部位

張策傳楊班侯太極拳108式

後，即圓轉上提至胸前。

　　此時左步撤回後略停，而後徐徐向前移動至原位置。兩手隨勢舒伸按出，隨動隨鬆腰沉肩，頂精領起呼氣。呼氣時，左膝頂力，左足踏實，右腿在後虛屈，腰身依式略前探。雙手按力伸蓄時，要將內力頂實，達到意氣力隨式演變而含蓄，貫通如一，來牽動內臟，促發生機（圖3-63、圖3-64）。

圖 3-63　　　　　　　　　圖 3-64

21. 裹　肘

　　由前式左腳踏實，成左弓步，略向左徐徐轉腰。隨之雙掌舒肩探背，隨向左轉腰，雙掌隨身動，同時向左前側方揉按，至力點位置後，長腰提右步與左步併攏。隨式含胸拔背，吸氣斂縮。繼而右腳向右前側位置上步，腰向右轉將身體擺正。

　　隨身體擺正，右掌在原位置反掌，掌心向下，左掌則同時反掌將手心向上。右腿向右斜方蹬邁，腳跟著地，右

膝前頂力。雙掌向右運行至右膝上方時，右掌向下壓，左掌向上托，腰身前抵，將內力貫足，左腿在後屈虛（圖3-65～圖3-67）。

此式運行，須以腰領動身體右轉，隨轉身向右裏左肘，右肘貼肋，舒肩鬆腰，頂精領起呼氣，綿力伸蓄，使內力得以外展，達到虛實轉化，自然靈動，內力貫穿，毫無滯礙，氣於丹田鼓蕩，勁路運行通暢，發力綿中寓剛。

圖 3-65

圖 3-66

圖 3-67

22. 進步搬攔捶

由前式，左臂屈肘盤迴，左掌向內翻轉使掌心向下，並含下按之意。提左步向前邁出，腳跟著地徐徐踏實，右腿在後虛屈；含胸吸氣。隨之右掌變拳，拳眼朝上，隨式順左手心下側向前打出。右腳繼續跟步，腳掌著地，並步於左腳內側。

此式右擊拳時，須頂左膝，舒肩鬆腰，拔頂呼氣。握拳頂力伸蓄時，身要中正，並隨式蓄力前移，以充全身之

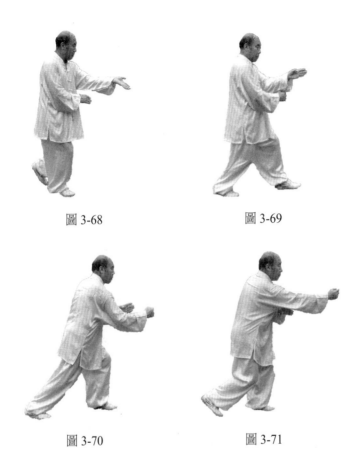

圖 3-68　　　　　　　　圖 3-69

圖 3-70　　　　　　　　圖 3-71

內力，貫於打出之拳上（圖 3-68～圖 3-71）。

23. 如封似閉

接前式，右腿回撤至原位置，坐右胯腳力踏實，身體隨之後移，左腳回撤，腳掌點地虛踏。身體右擰轉，隨腰的擰轉左手自右肘下，以左掌背沿右小臂前伸；右拳回撤，並徐徐變掌，至雙腕交叉時，身體轉正，兩掌向左右分開，至雙乳位置時，向胸前略帶力，並翻轉雙掌，至兩

61

掌在胸前平伸時，掌心均向前；兩臂交叉運行時要貼肋縮回，含胸縮腰坐右腿，隨式吸氣使內力含縮，蓄而待發。雙臂縮回後，雙掌心向前，上左步回到原位置，上身隨左步前進而向前運動，雙手同時向前打出。

隨式要頂左膝，腳力踏實，右腿虛屈。頂精領起，鬆腰舒肩，勁由脊發呼氣，隨呼則雙手以掌心摧擠，使全身之勁力，綿連合力向前，自能由內而達於外，以充壯筋骨，並以待轉式（圖3-72～圖3-75）。

圖 3-72

圖 3-73

圖 3-74

圖 3-75

24. 十字手

由前式，向右扭身 90°，隨轉體，右手屈肘在上，掌心向前，身體重心移到右腿，隨重心右移，右掌向右引帶；左手在左側胯部位，指尖向前向左斜下方按掌，兩掌均以手背領動，兩臂有明顯的外掤力。

同時，坐右胯腳力踏實，左腳向右腳內側併攏，以腳尖點地。雙臂則徐徐由上向下，再向胸前運行，左掌在內，右掌在外，兩腕相貼，兩掌心均朝內，雙手盤搭為十字手形，此時兩掌高與頭平齊。

隨式含胸拔背吸氣，提縮斂力。繼而將左腿腳力踏實，提右步再向右側蹬邁，腳跟著地虛踏。兩手高舉分開，由上向下徐徐撲按。隨式頂右膝腳力踏實，上身挺起，左腿蹬力後，向右腳內側再併步。左手由左側向上再向胸前屈肘，掌與頭齊平；右掌自身體右側經下方，向上與左手相搭，為十字手形。

此時要鬆腰舒肩，頂精領起，隨撲按之式呼氣，漸漸使內力向外綿綿伸蓄。

隨式身腰略向左轉，坐左腿腳力踏實，隨式含胸吸氣，同時再提右腿向左腳併攏，右腳以腳尖點地，隨動隨吸氣，身體緩緩站直，以含縮蓄力向上領起（圖 3-76～圖 3-83）。

該式是因動化靜，靜則全身內力斂蓄，動則大勢覆蓋後的向上擎起，動後復歸於靜，以待再發動。以此綿綿相續，勁力由上向下，又由下向上，如長江大河波濤滾滾，連綿不斷。

圖 3-76

圖 3-77

圖 3-78

圖 3-79

圖 3-80

圖 3-81

圖 3-82

圖 3-83

25. 穿掌攬雀尾

接前式，腰身領動，身體重心移至右腿，左腳掌碾地，腳跟順時針外展，身體重心移回左腿，繼而以腰身之力，向右側轉體約 135 度，坐左胯左腳踏實，右腿在身前屈膝提起，轉體後，以腳掌虛踏地。

雙掌同時向內翻轉，使掌心均向下；腰身繼續向右帶，與此同時左手緩緩向前伸出；右手隨式，自右向下方徐徐後撤至身後時轉肘，至與肩平時，反掌向上，屈臂掌心向外，右手背自右耳後經右腮旁緩緩向前探，隨右臂前探，身體轉正，此時兩掌在身前平齊位置，含胸拔背吸氣含力。雙手再徐徐前探，至頂點位置。右膝頂實，左腿在身後微屈。

隨雙掌前探，舒肩鬆腰，頂精領起呼氣。隨上動不停，雙掌均向外翻轉，成掌心向下，雙手含向下回摟之意，隨呼氣徐徐向腹前引帶。同時，右腿漸漸坐胯站實，左腳跟略提離地。至右腿坐實時，雙掌在腹前向胸部位置

上提，隨式吸氣兩肘貼肋，雙掌至胸前位置後，即前移重心，頂左膝，身隨膝動，摧擠兩臂，以掌心向前伸蓄，用內力將雙掌打出。

之後向右轉腰，雙掌向右側劃弧引帶吸氣；再向左轉腰，並帶動兩臂連動運行，至左小臂到胸前時，向左擠出；右掌隨左掌動作，先自腹前向左推按，至與左掌相對時，雙掌掌心向內，齊胸部高度向左右分開，隨式沉肩墜肘，至略寬於肩時，雙掌同時向外翻轉，使掌心向前，伸臂前按，隨按隨向中心併攏，並頂右膝成右弓步，呼氣將雙掌打出。

此時要含胸拔背，以氣催力，借力行氣，以盡其剛柔虛實，靜動運化之妙，綿綿相接，運行不斷（圖 3-84～圖 3-103）。

圖 3-84

圖 3-85

圖 3-86

圖 3-87　　　　　　圖 3-88　　　　　　圖 3-89

圖 3-90　　　　　　圖 3-91　　　　　　圖 3-92

圖 3-93　　　　　　圖 3-94　　　　　　圖 3-95

圖 3-96

圖 3-97

圖 3-98

圖 3-99

圖 3-100

圖 3-101

圖 3-102

圖 3-103

26. 抱虎歸山

由前式，重心移至左腿，向左擰腰轉體至原十字手之方向。兩掌心向下，隨轉體向左平行劃圓。右腳以腳跟為中心，抬前腳掌向左內扣站實，腰向右擰轉。雙掌略向胸前引帶後向右劃圓，至右側時兩掌心略向外推力。同時，左腳向右腳併步，腳尖點地，右腿腳力踏實，隨即左步做半月形，向左側外擺腳尖約 135 度。

隨式反左臂屈肘抱圓，掌心先向內，再隨轉體翻轉成向外；右臂伸展，掌心亦向外，雙掌指均朝右，含胸拔背吸氣，含縮內力，

隨吸氣以腰領動全身，向左後轉體約 180°。隨吸氣，以腰領動全身左轉，來牽動脊椎骨之旋轉力，使勁力達於肩肘，貫於雙手，形成扭轉一致的中心力，以帶動兩臂隨式向左盤旋。

隨轉體右腿由身後向前擺腿邁出，左腿屈膝腳踏實；右腿在身前屈膝，腳掌點地虛踏。雙掌隨轉體，以左手在後右掌在前，在身前同時下按。此式，要隨動隨轉體，拔頂鬆腰，舒肩呼氣，以伸蓄頂力運轉。

轉身後右步在前，雙掌隨轉體後，右掌在前左掌在後按於身前。繼而重心前移，頂右膝腳力踏實，左腿在後微屈。雙掌向前徐徐伸出，隨掌的前伸，身體漸漸向上領起。隨身體領起，左掌繼續前探，至頂點時變勾手；右掌向後運行，撤至右耳側時亦變勾手。此時含胸吸氣，使外轉力綿綿隨吸氣以回縮，含蓄而待發，來調適動轉間的伸蓄抒發與含縮提斂之轉化作用，使運行之力自然聯貫，內

外如一（圖 3-104～圖 3-115）。

圖 3-104　　　　　　圖 3-105　　　　　　圖 3-106

圖 3-107　　　　　　圖 3-108　　　　　　圖 3-109

圖 3-110　　　　　　圖 3-111　　　　　　圖 3-112

張策傳楊班侯太極拳108式

圖 3-113

圖 3-114

圖 3-115

27. 肘底看捶

由前式，兩掌變勾手後，重心移至右腿，壓右胯提左腳向前邁左步，左足尖點地虛踏。

左手勾手變掌回撤至肋處，以肘貼肋；隨左掌向後運行，右勾手變掌，向前伸探，待其至頂點時即往回撤；左掌自右臂肘彎處向上方穿出，屈肘在身前立臂；同時，右手運行至左肘下虛握拳。

隨式頂精領起，沉肩墜肘鬆腰，向下坐右胯，右腳踏力呼氣。勁由脊發，左肘墜力，以便隨呼氣，使內勁外展，綿綿頂蓄，貫注合一，以體會招式運行之中，蓄勁、發勁之妙（圖 3-116、圖 3-117）。

圖 3-116　　　　　　　　　圖 3-117

28. 倒攆猴（一）

　　由前式，原式不動，左掌不變，
含胸拔背，以支撐起腰脊骨的變招換
式之潛蓄力；再隨式長腰，全身徐徐
領起，吸氣含縮。同時，左腿屈膝上
提至身前。右拳徐徐向前打出，至頂
點時，由拳變掌，掌心向上，繼而緩
緩向身後回撤；左掌心向下，與右掌
交錯後，往前伸探按。

圖 3-118

　　舒肩拔頂，鬆腰呼氣。隨右手變
掌，手心向上後撤的同時，屈膝提起
的左腿，隨之向身後落步，腳掌先落
地，而後全腳落地踏實。於左腿後撤
的同時，右掌自前向身後運行，至左
腳落步踏實，右掌運行至身後略高於
腰的位置（圖 3-118～圖 3-119）。

圖 3-119

29. 倒攆猴（二）

　　由前式，左手反掌手心向上，右腿虛力在身前抬起，左腿支撐全身力。此時兩臂在身前身後平舉。隨即右臂屈肘，右掌經右耳側，向前徐徐伸探，左掌心向上齊腰高度回撤，兩掌在身前匯合時，要使兩掌心上下交匯，而後右掌繼續前行；左掌向左側身後回撤。右腿屈膝，抬腿後撤；左腿支撐全身後撤之中心力。

　　隨動隨呼氣，以充壯內力，拔頂舒肩，探按伸蓄，使內勁外展頂實。右掌自身後經右耳側，掌心向下與左手上下相對時，須坐左胯，左腳踏實，右腳尖虛點地再抬起。

　　隨式含胸吸氣，斂蓄內力。同時，右掌向前探按，左掌手心向上，回撤至身後，展開與肩平。後撤右腿時，前腳掌要先踏地，後全腳逐漸踏實。此時，要拔頂舒肩，鬆腰呼氣，以伸蓄隨動隨呼之內力，依式左腿在前逐漸虛力，以調整全身後撤運動之中心支撐力，方能式式相連（圖 3-120～圖 3-126）。

圖 3-120　　　　　　圖 3-121　　　　　　圖 3-122

圖 3-123

圖 3-124

圖 3-125

圖 3-126

30. 倒攆猴（三）

由前式，與 28 式同。

31. 斜飛式

由前式，重心在左腿微屈膝站穩，右腳向左腳併步。與此同時，向左擰腰，左臂微屈，掌心向下有外撐之力，右掌翻掌，使掌心向下，肘微屈，小臂亦含外撐力；雙掌

隨左擰腰在身前盤旋，至右掌運行至身前，手心向下時，
左掌翻轉使掌心向上，順右臂自右肘內側向前上方向穿
出，右掌心向下停於左肘下。

　　此時要隨式，含胸拔背，脊椎骨蓄力，吸氣提縮。上
動略停，右腿坐胯，左腿略虛力，左腳尖略內扣後踏實，
重心移回左腿，屈膝下蹲。隨式向右扭身，右腿向右側邁
出，隨即頂右膝，重心移至右腿。

　　隨右腿邁出的同時，雙掌翻轉，使左掌心向下，在身
前平展；右掌心向上，以手背下塌後，繼續以手背行力向
右側領動外展，至與肩平時停住。右掌在右側展開時，要
隨轉身徐徐抬起，起時要拔頂舒肩，呼氣頂蓄，內力外
展；左掌在左側，配合右臂的舒張而舒展，兩掌心均向
前，以調適雙臂舒伸換式之聯貫性，達到勁由脊發之目的
（圖 3-127～圖 3-132）。

圖 3-127

圖 3-128

圖 3-129

圖 3-130　　　　　圖 3-131　　　　　圖 3-132

32. 低手下勢（同 11 式）

接前式，上動不停，身體高度保持不變，重心移回左腿；右腳以腳跟為軸，腳尖內扣，再將重心移回右腿。雙掌向身體中部胸前匯攏。左腳尖外擺，身體左轉 90°調正。身體重心再移回左腿。以後動作，依照 11 式的動作說明運行。

33. 提手上勢（同 12 式）

34. 白鶴亮翅（同 13 式）

35. 左摟膝拗步（同 16 式）

36. 海底針

由前式，右掌繼續向前伸探。隨式右腳上步並於左腳內側。左掌在左膝外側下按。右腳先向左腳併步，後即撤

回原位置，右腿弓膝，腳力踏實；
左腿向後撤，併步於右腳內側，左
腳尖虛點地。

　　隨即身體向上領起，隨起身，
右掌向身前頭上領起，掌心向左；
左掌則在身前向下探，掌心向右。
之後兩腿同時下蹲。隨之右手提起
後，隨身後縮下蹲，向下運行；左
掌則向上運行。

圖 3-133

　　此時要含胸拔背，以支撐腰脊椎骨，轉換姿勢之潛蓄
力。右手徐徐後縮時要隨吸氣隨縮，綿力含蓄。雙腿下蹲
的同時，要鬆肩鬆腰坐胯，屈右腿身要正直，頂精領起，
隨式呼氣。

　　右手徐徐下送時，手指對左足尖而頂實，左掌則停於
右腮側，身體下蹲時，要有使內力向下輸送的意念，以使
勁力節節增蓄（圖 3-133～圖 3-136）。

圖 3-134

圖 3-135

圖 3-136

37. 扇通臂

由前式，身體向上領起，右手向頭上方向抬起，左手隨式屈肘貼胸。含胸拔背，吸氣含縮。隨即左步向前蹬邁，頂膝腳力踏實；右腳在後虛屈，成左弓步。左手自胸前順右臂打出，右手翻掌，掌心向右側斜上方，微屈肘置於頭頂上方，雙手同時向外撐拿開。隨式頂精領起，舒肩鬆腰呼氣，綿綿伸蓄頂肘，內力外展，借氣行力，轉換相接，式式綿連（圖 3-137～圖 3-139）。

圖 3-137　　　　　圖 3-138　　　　　圖 3-139

38. 撇身捶

接前式，雙手握拳，兩拳眼相對，向左擰腰，隨之兩臂屈肘，貼左肋隨擰腰隨向下運行。同時，坐右胯右腳踏實壓右肘，左腿在前虛踏。兩拳相對，隨之身體向右後擰轉。當身體右轉時雙拳貼胸也隨著向右運行。

隨式含胸拔背，吸氣含縮，全身轉至後正面時，坐左胯左腳踏實，右腿向右側前方邁出一步，先虛力，再頂實

成右弓步。左拳對右肘，雙拳向前伸
探，左手隨式繼續順右臂向前上方打
出，繼而變掌，掌心向下，隨長腰隨向
前探出；右拳則回撤至左肘內側。然後
坐右胯，雙手變掌，掌心向下，隨式向
下回按。

　　隨按要拔頂沉肩，鬆腰呼氣，向前
伸蓄，使內力外展，由實再轉式以化為
虛，以使動作兩相依循，連綿不斷，節
節增蓄（圖3-140～圖3-146）。

圖3-140

圖 3-141

圖 3-142

圖 3-143

圖 3-144

圖 3-145

圖 3-146

39.裹 肘

接上式，雙手姿勢不動，先上左步。隨上步，雙掌位置相對不動，借腰力先向左側外撥。隨之上右步，成右弓步。隨上右步，左手掌心向上翻，使掌心向上向前伸探；右掌掌心向下，在左肘內側下壓，兩掌形成槓桿合力。

隨著兩手動作的運行，腰身向前上，雙掌齊胸高度向前伸探（圖 3-147～圖 3-153）。

圖 3-147

圖 3-148

圖 3-149

圖 3-150

圖 3-151　　　　　圖 3-152　　　　　圖 3-153

40. 摟膝上步擠

　　由上式，提左腿向左斜前方邁步，腳跟著地頂膝，右腿在後微屈。左臂屈肘向外掤勁，手心向下，向左斜側平捋，至頂點時，腰向左擰，調正身形，右臂在身右側，也向外掤住勁，右掌心向下。在左右兩臂同時向外掤力的同時，提右腿向右斜前方上步。同時，兩臂在身體左右貼肋翻掌，使掌心向前，隨右步踏實，雙掌向前推出。

　　隨式頂精領起，舒肩鬆腰呼氣。左右兩手向左右斜側下按，提右步向前邁出，兩手貼肋翻轉時，右掌順時針翻轉，左掌逆時針翻轉。

　　雙掌翻轉時，要含胸拔背吸氣，提縮蓄力，右腳跟落地踏實，頂膝壓胯；左腿在後虛屈時，要頂精領起，舒肩鬆腰，呼氣伸蓄。雙掌翻轉後，掌心向前，指尖頂力，向前徐徐打出要使內勁，借行力綿綿增蓄外展（圖 3-154〜圖 3-159）。

圖 3-154

圖 3-155

圖 3-156

圖 3-157

圖 3-158

圖 3-159

41. 駝（同 5 式）

42. 打按（同 6 式）

43. 揉（同 7 式）

44. 掛（同 3 式）

45. 打按（同 7 式）

46. 尾（同 9 式）

47. 單鞭（同 10 式）

48. 雲手（一）

由前式，身體右轉 90°，右腳跟為軸，腳掌外展，將身體調正。隨身體右轉，右臂微屈，右勾手變掌，翻轉使手心向裏，右手向右領動，至右側時掌心略向外推力按出。同時，頂右膝腳踏實，左腿虛力向右併步，隨式拔頂鬆腰，舒肩呼氣蓄力，內力外展。同時，左手手心向裏，由左向右迴旋至右肘，雙掌勞宮穴向外凸，略向外推按後恢復原狀。

隨動含胸拔背，吸氣綿力含縮。上動不停，左腳略貼右腳內側後，即向左橫向蹬邁開步。隨左腿開步的同時，向左扭腰，左手手心向裏，指尖向右與目平，隨左轉腰，

徐徐向左領帶，領至左側後反掌，掌心向外按出；右掌隨之運行到左肘處，掌心向左，掌指朝下，雙掌勞宮穴向外微凸略向外推出後恢復原狀。

與此同時，頂左膝，腳踏實，右腿虛力，隨式拔頂鬆腰，舒肩呼氣，漸按漸呼氣，綿綿伸蓄頂實，轉式以化虛（圖3-160～圖3-167）。

圖 3-160

圖 3-161

圖 3-162

圖 3-163

圖 3-164

圖 3-165

圖 3-166

圖 3-167

49. 雲手（二）

上動不停，右腳略貼左腳內側後，再向右橫向開三分之一步，落步踏實。右掌上抬，掌心向裏與目平齊，由左向右迴旋至右側，隨腰徐徐右盤，盤至右側前方，反掌向外按出。

隨式含胸拔背，吸氣含縮，右腿邁出，腰向右扭轉。同時，左掌隨右掌的運動向右運行，置於右肘內側位置時，雙掌同時向外推出，推出後勞宮穴微向外凸後恢復原狀。隨動則呼氣；同時，頂右膝，腳力踏實，左腿虛力，隨式拔頂鬆腰舒肩，伸蓄內力使之外展，達到節節增蓄，相互依循。

此後以 48 式的動作，再做一左雲手（圖 3-168～圖3-180）。

圖 3-168

圖 3-169

圖 3-170

圖 3-171

圖 3-172

圖 3-173

圖 3-174

圖 3-175

圖 3-176

圖 3-177

圖 3-178

圖 3-179

圖 3-180

50. 雲手（三）（同 48 式）

51. 單鞭（同 10 式）

52. 高探馬

接前式，上身領起，右腳向前行至左腳內側踏實，左腳為虛。與此同時，左手舒肩探掌前伸，右手屈肘將勾手變掌，自耳後與眉齊平，手指併攏，以掌外沿順左臂向前徐徐伸探；同時，左手與肩平齊，內旋掌心向下緩緩回撤。隨式坐右胯，右腳力踏實，左腳在前虛踏時，含胸拔背吸氣。

隨吸氣，腰身緩緩下坐，右手隨坐腰前探，左掌則掌心向下，隨內旋臂隨後撤至右胸前。

此時要使內力含縮提斂，有轉式蓄發之意念（圖3-181～圖3-185）。

圖 3-181

圖 3-182

圖 3-183

圖 3-184

圖 3-185

53. 右分腳

由前式，雙膝微屈，身形略下蹲，先向右擰腰。右臂屈肘向右領帶右掌，左手順右腋貼胸貼胯向左側下按。拔頂舒肩，鬆腰呼氣，使內力伸蓄。右手再自右側下按。閃左步向左側蹬邁腳，左腳踏實，右腳成虛踏。左手由襠向左斜側挑起；同時，向左扭腰，右手向右側前上方向抬起。右腿隨即向右掌方向抬踢，身體向上長起，左腿獨立站直。

此時，右手掌心向上，有向上托起之意，高與頭平；左臂在身後，掌心向上，高與肩平，停於身體左側。含胸拔背，吸氣含縮。抬右腿向右前方踢出時，要身穩氣沉，分腳有虛靈之意（圖 3-186～圖 3-193）。

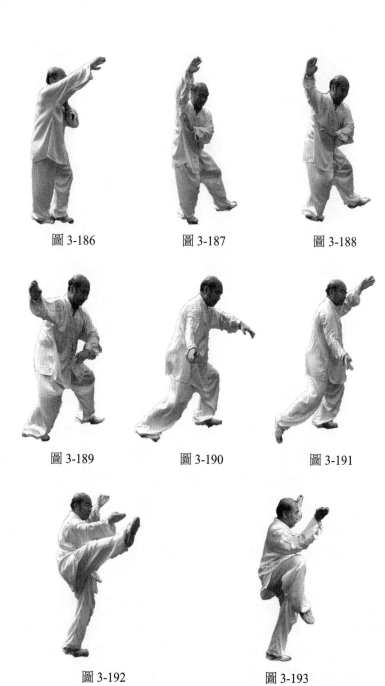

圖 3-186　　　　　圖 3-187　　　　　圖 3-188

圖 3-189　　　　　圖 3-190　　　　　圖 3-191

圖 3-192　　　　　　　圖 3-193

54. 左分腳

前式略停，右手掌心向上托起的同時，兩臂舒展，舒肩鬆腰，頂精領起，呼氣使內力伸蓄外展。之後隨式將右腿落於右側，站穩踏實。同時，右臂屈肘反掌向下隨腰右轉。隨式右腳踏實，左腳成虛。向左擰腰，左手掌心向上，向左上前方托起於左腿前。

隨式含胸拔背，吸氣含縮內斂。再徐徐抬起左腿，向左前側方踢出。左手掌心有向上托起之意。身形略下沉，兩臂舒肩鬆腰，頂精領起，呼氣伸蓄內力，使式隨意發，意動氣隨，力向外展，內外相應（圖 3-194～圖 3-196）。

圖 3-194   圖 3-195   圖 3-196

55. 轉身蹬腳

由前式，左分腳後，左腳在右腳後落地，重心落於左腿；右腳以腳跟為軸腳尖內扣，身體左轉 90°調正，重心移回右腿，隨式向左轉腰。同時，雙手掌心向裏，隨腰的

左轉，雙手左手在前右手在後，腕部相貼，在胸前盤搭做十字手形。隨式含胸拔背，吸氣含縮內力。再坐右胯，右腳踏實，左腿虛力，屈膝提起，隨即向左側，以腳跟之力蹬出。同時，兩臂分開，手心均向上托起。

此時須拔頂舒肩，鬆腰呼氣，伸蓄內力，勁由脊發，漸伸漸外展，以將力頂實（圖3-197～圖3-199）。

圖 3-197　　　　　圖 3-198　　　　　圖 3-199

56. 摟膝指襠捶

由前式，左腿屈膝收回，右腿略下蹲，身形略下沉；繼而左腳落地踏實，右腿在後虛屈。左手由前向左摟過左膝，右掌則自右耳側隨左掌摟膝，徐徐向正前方向打出。右掌至頂點時，隨式提右步向左腿併攏，並劃過左腳內側，向前邁右腿，腳力踏實，左腿在身後虛屈。隨動右手摟右膝，左掌則自左耳側向正前方向徐徐打出。左掌打至頂點時，隨式提左步，含胸拔背，吸氣含縮，繼續向前邁左步，左腳落地踏實。左手摟左膝，隨式右手握拳，自右

耳後轉肘使手背向外，順正前方向地面下
擊拳，至距地面約 15 公分時停住；左手
則掌心向右，停於右肩窩處。

　　此時要探腰舒肩，拔頂呼氣，隨呼氣
隨將右手拳徐徐打下。

　　上述動作，腰脊之力須綿綿頂蓄，右
拳漸下打漸伸肩，以頂實內力（圖
3-200～圖 3-206）。

圖 3-200

圖 3-201　　　　　圖 3-202　　　　　圖 3-203

圖 3-204　　　　　圖 3-205　　　　　圖 3-206

57. 翻身撇身捶（同38式）

58. 上步裹肘

由前式，右膝前頂力（膝部彎曲不可超過腳尖）。右拳隨右膝前頂，向前沿左小臂外側緩緩伸出，至兩腕相貼時，雙拳變掌同時外翻，掌心朝前，雙臂前撐外掤，高與頭平，隨外滾小臂隨向前伸送。繼而向前邁左步。

圖 3-207

雙掌向左右分開落下，並漸漸向兩肋側收，至雙肘貼肋時，雙手握拳，右拳在上，左拳在下，左拳眼對右拳輪，雙拳面朝前，隨式緩緩前頂。繼而隨式左腳踏實，左腿略屈，右腿以自然彎度，將腳跟向正前方向蹬出。雙拳隨腳蹬出的同時向前打出，此時雙拳要與腳在一豎向的直線上。頂精領起呼氣（圖 3-207～圖 3-210）。

圖 3-208

圖 3-209

圖 3-210

59. 卸步打虎

由前式，右腿屈膝收回後撤，在身後落一大步，左腳繼續後撤一步。含胸拔背，吸氣含縮。同時，兩拳變掌，右前左後隨身體後撤，向左側捋帶。左腿在後撤成右弓步的同時，兩掌變拳，以腰帶動右拳，自左肋側由下向上掄旋打出，高與頭平；左拳隨右拳運動屈臂，拳面朝右，向右側齊胸高度打出。隨打要含胸拔背，吸氣提縮內勁。上動不停，身體向後略撤，坐左腿，腳踏實，右腿虛力。右拳向裏裹肘，經腹前向右引帶，再向左齊頭高度拳眼朝下，向前掄打；左拳相機自左側向腹前運行，並以拳眼朝上停於胸前。此時雙拳眼相對，右拳面向左，左拳面向右，停於胸前。此式雙拳運行相隨而動，似流星趕月，似在身前畫出一太極陰陽圖形。

此式的運行，要隨式頂精領起，舒肩探背，以腰撑帶兩臂；勁由脊發，隨掄拳擊打隨呼氣，以伸蓄內力，使之外展（圖3-211～圖3-217）。

圖 3-211

圖 3-212

圖 3-213　　　　　　　　圖 3-214

圖 3-215　　　　圖 3-216　　　　圖 3-217

60. 雙風貫耳

　　由前式，雙臂向左右兩側分開。同時，重心移至右腿，向前蹬邁左步，落腳踏實；右腿虛力屈膝，在身前提起。同時，兩手自身兩側下貼肋。隨式含胸拔背吸氣，提縮內力，右腳向前蹬出。兩拳仍以右上左下的方式，同時向前擊出。坐左胯，頂精領起，舒肩呼氣，伸蓄內力。上動略停，右腿屈膝在身前收回，繼而右腳落地。隨式兩拳變掌，手心向上，向左右下方引帶回撤。

隨式含胸拔背吸氣，右腳落地
後，即頂右膝，腳力踏實，左腿在後
虛屈，身體重心前移。隨式兩手握
拳，雙拳拳眼相對，沉肩墜肘，將雙
拳自兩側，向前方中間圈打，至雙拳
相距約 10 公分時停住。此時要頂精領
起，鬆腰舒肩呼氣，隨呼氣，勁力緩
緩伸蓄，向外頂實內力（圖 3-218～
圖 3-224）。

圖 3-218

圖 3-219

圖 3-220

圖 3-221

圖 3-222

圖 3-223

圖 3-224

61. 披身蹬腳

由前式，身體後移，重心先落於
左腿。雙拳變掌，向身之兩側分開貼
肋。隨式含胸拔背吸氣，含縮內斂。
同時，右腳尖向外側擰轉，重心移回
右腿，右腳跟踏實；左腿虛力屈膝在
身前提起，左腳向前蹬出。

圖 3-225

與此同時，雙手握拳，左拳在
上，右拳在下，右拳眼對左拳輪，隨
左腳蹬出的同時，與左腳平齊，同時向前打出。

隨式蹬左腳坐右胯時，要頂精領起，舒肩探背，身要
中正，右腳穩力呼氣，勁由脊發，以伸蓄內力（圖
3-225～圖 3-228）。

圖 3-226

圖 3-227

圖 3-228

62. 轉身二起腳

由前式，左腿回撤並向右腿外側下落。雙手撤回貼肋。右腳穩力，以腳擰帶轉全身，向右原地後轉體，仍回到原位，身隨式動。

此時須含胸拔背吸氣，含縮內力。轉體後以左腳穩力，向前踢起右腿。雙手掌心向上，由兩側舒肩托起，平肩高度伸出。頂精領起呼氣，伸蓄脊骨之內力以頂實，勁力達於手指足趾之端（圖 3-229、圖 3-230）。

圖 3-229

圖 3-230

63. 右搬攔捶（同前式）

由前式，右腿收回，右腳前腳掌落地。右掌由左肋側向右，運行至身前位置；左臂微屈，掌心向下，與右掌相對做抱球狀。繼而右腳向前上步，左腳再上步。隨動右掌變拳，拳眼朝上，隨式順左手心下側向前打出。右腳繼續跟步，腳掌著地，併步於左腳內側。

此式右擊拳時，須頂左膝，舒肩鬆腰，拔頂呼氣。握

拳頂力伸蓄時，身要中正，並隨式蓄力前移，以充全身之
內力，貫於打出之拳上（圖 3-231～圖 3-234）。

圖 3-231　　　　　　　　圖 3-232

圖 3-233　　　　　　　　圖 3-234

64. 如封似閉（同 23 式）

65. 捋手

由前式，坐右胯，腳力踏實，左腿在前虛踏。左手在
前，右手在後，兩手心向下，一起向右後側捋，隨捋隨動

轉身形。捋時要縮腰含胸，沉肩吸氣，漸吸漸捋，以含縮內力，斂之於骨，潛蓄待發，以達因動化靜，柔中寓剛（圖 3-235）。

66. 擠

由前式，頂左膝，腳力踏實，右腿在後虛屈。屈左肘抱圓上提與肩平，隨式右手輔助左腕，隨腰身略左轉，雙手合力綿綿伸蓄。此時，頂精領起，舒肩壓胯，向前擠出，同時呼氣，隨呼隨頂實內力，勢由意發，氣隨力行，貫通一致，繼而接下式（圖 3-236、圖 3-237）。

圖 3-235　　　　　圖 3-236　　　　　圖 3-237

67. 十字手（同 24 式）

68. 斜穿掌攬雀尾

該式與穿掌攬雀尾不同點，是向右側斜約 45 度做該式動作，其他則與第 25 式相同。

69. 斜單鞭

由前式，向左擰腰，雙掌隨之向左平行運動。重心落於左腿，右腳以腳跟為軸，腳掌向內扣，上身左轉約 135 度。雙掌在胸前劃圓，經腹前向右側推出，推出至頂點時，右手變勾手，向右伸展與肩平。重心移回右腿，向左轉體至左斜側方，右腿坐實；左腿提步向右並步，隨後再

圖 3-238

提左腿向左側蹬邁，腳跟踏實，成左弓步。同時，左臂屈肘，以手心向裏，隨身左轉，然後反掌手心向外，向左斜前方向徐徐打出。

左弓步時左腿頂膝，要鬆腰舒肩，右腿虛屈。此時，需頂精領起呼氣，隨呼隨伸，蓄腰脊之內力，使內力外展，達於指與足端以頂實（圖 3-238～圖 3-241）。

　　　圖 3-239　　　　　　圖 3-240　　　　　　圖 3-241

70. 野馬分鬃

由前式，重心移回右腿，微屈膝下蹲，右腳踏實，身體向右轉調正，左腿虛力，以腳跟為軸，腳掌向內擺並踏實。右臂微屈肘，勾手變掌，手心向上，落於腹前；左手心向下，高舉於頭上方。隨式右腿屈膝，在身前儘量上提，腳掌則微向內翻，停於襠前。

此時需含胸拔背，吸氣含縮內力；隨之左腿緩緩下蹲，右腿則徐徐向前蹬邁落步，逐漸踏實。隨之腰向右轉，右手掌心向左，隨腰向右轉向身前徐徐伸探上挑。同時，身體重心移至右腿，身體向上領起，左腿則屈膝上提到胸前，左腳掌微向內翻，停於襠前。右掌心向下高舉於頭上。繼而左腳向前蹬邁，落步踏實，右腿虛踏。同時左手由襠下往上立掌挑起與肩平。

圖 3-242

隨式頂精領起，舒肩鬆腰呼氣，伸蓄內力。上動不停，再弓左腿，腳力踏實，右腿虛踏。左臂屈肘反掌，手心向下，右手徐徐回撤至襠下。

含胸拔背吸氣，斂縮內力。再提右步向前蹬邁，腳力踏實，左腳虛踏。同時，右手由襠下往上，立掌挑起與肩平。隨式頂精領起，舒肩鬆腰，呼氣伸蓄，內力外展，達於四肢端以頂實（圖3-242～圖3-252）。

圖 3-243

圖 3-244　　　　　圖 3-245　　　　　圖 3-246

圖 3-247　　　　　圖 3-248　　　　　圖 3-249

圖 3-250　　　　　圖 3-251　　　　　圖 3-252

71. 斜單鞭（同69式）

72. 玉女穿梭

由前式，坐右腿向右後轉身。右勾手順時針翻轉使掌心向上，左掌自腹前向右掌方向，沿右小臂向前穿掌。再坐左腿。隨式右手盤至左肘下。含胸拔背，吸氣斂縮內力。向左轉腰，繼而向左前方上左步，左腳向左斜側蹬邁，頂膝將腳力踏實；右腿在後跟步虛屈，停於左腳後。隨式左手在上，順時針滾動小臂，並停於頭上方；右手向前探掌，向左側齊咽喉高度向外打出。

打出時，要拔頂舒肩，鬆腰坐胯呼氣，伸蓄內力，以脊骨及兩肩頂力，達於兩手向外摧擠。上動略停，坐右腿縮腰掣肘，以左腳跟為軸，向右撐左腳，坐左腿為實，右腿為虛，向右後轉體180°。隨式含胸拔背，斂縮內力。隨轉體變式，全身右轉，向右上步，頂膝右腳踏實，左腿在後虛屈。隨式右手在上滾動小臂，左手由下向右側前上方，齊咽喉高度打出。隨打要拔頂舒肩，鬆腰坐胯呼氣，伸蓄內力，以脊肩頂力使之外展。再坐左腿縮腰掣肘，向左轉90°，右腿坐實，繼而向左斜側方蹬邁上左步。

隨式含胸拔背，縮腰吸氣，收斂內力。同時，向左頂左膝腳踏實，右腿在後跟步虛屈。左手反肘在上滾動小臂，右手在下，同時向左側前上方向打出。隨著將掌打出，要拔頂舒肩，鬆腰坐胯呼氣，伸蓄內力，以脊肩頂力向外摧擠。再繼續坐右腿，縮腰掣肘，向右撐左腳，坐實左腿，向右撐右腳。

隨式含胸拔背，縮腰吸氣，斂縮內力，轉身變式，全身向右後轉體 180°，並向右側上右步，頂右膝腳踏實，左腿在後跟步虛屈。右手反肘在上滾動小臂，左手由下向右斜側方向伸肩探背打出。

　　隨打要拔頂舒肩，鬆腰坐胯呼氣，以伸蓄脊骨及兩肩，使內力貫於雙手，向外搓擠（圖 3-253～圖 3-264）。

圖 3-253　　　　圖 3-254　　　　圖 3-255

圖 3-256

圖 3-257

圖 3-258

圖 3-259　　　　圖 3-260　　　　圖 3-261

圖 3-262　　　　圖 3-263　　　　圖 3-264

73. 上步擠（同 2 式）

74. 攬雀尾（同 3 式）

75. 單鞭（同 10 式）

76. 雲手（一至三）（同 48、49、50 式）

77. 單鞭(同 10 式)

78. 下勢

接前式，兩腿位置不動，身體重心後移，坐右胯，右膝屈膝下蹲，成左仆步。左臂伸平，掌形不變，隨仆步下蹲，向右轉腰帶動左掌，由左向右肩內側運行，右勾手形不變。

隨式吸氣，含縮內力。左手掌心由右肩處下滑，並沿左腿裏側，向左前方向衝挑。隨衝挑要坐腰，舒肩伸臂，使左掌徐徐挑起。

仆步完成後，即頂左膝，身體重心隨左腿前移，左腳踏實，右腿在後虛屈。

隨式頂精領起舒肩呼氣，勁由脊發向前挑起，內力綿綿以外展。右手隨左掌向前挑起的同時，在身後成後勾手（圖 3-265～圖 3-268）。

　　　　圖 3-265　　　　　　　　　圖 3-266

圖 3-267　　　　　　　　圖 3-268

79. 金雞獨立

　　接前式，身體調整，頂力站起。左掌不動，左腿蹬力
站起，右手貼右胯至膝隨腿一同向前提起，右膝對右肘，
左腳穩力踏實。同時，右手屈肘立掌向前挑起，隨式左手
與右手交錯下按。

　　含胸拔背，吸氣提縮內力。隨動右腳尖向上挑；再蹲
左腿，右腳隨式下落，腳力踏實，左腿虛力。左手隨式在
腹前下按。隨按拔頂沉肩，鬆腰呼氣伸蓄，使內力外展。
右腳落地後，略屈腿站穩時，左手屈肘立掌挑起，右掌下
按至腹前。左腿隨式提起，左膝對左肘；右腳穩力踏實，
含胸拔背，吸氣提縮內力，靜中寓動，換式待發（圖
3-269～圖 3-274）。

圖 3-269

圖 3-270

圖 3-271

圖 3-272

圖 3-273

圖 3-274

張策傳楊班侯
太極拳
108
式

80. 倒攆猴（一至三）

接上式按 28、29、30 式倒攆猴的動作運行。

81. 斜飛式（同 31 式）

82. 低手下勢（同 11 式）

83. 提手上勢（同 12 式）

84. 白鶴亮翅（同 13 式）

85. 左摟膝拗步（同 16 式）

86. 海底針（同 36 式）

87. 閃通背（同 37 式）

88. 撇身捶（同 38 式）

89. 摟膝上步擠（同 40 式）

90. 攬雀尾（同 3 式）

91. 單鞭（同 10 式）

92. 雲手（一至三）（同 48、49、50 式）

93. 單鞭（同 10 式）

94. 低式高探馬

接前式，上右步，右腳前腳掌
落於左腳內側，繼而坐右胯，右腳
跟踏實，左腳變虛步，前腳掌點
地，兩腿半蹲。隨之左手反掌，使
掌心向上，右手由右耳側向前，以

圖 3-275

掌外沿沿左小臂緩緩前探。邊探右掌，身體邊向上挺起。

隨式含胸拔背，吸氣斂縮內力。左肘貼肋回撤左掌。
兩掌交錯時，右掌向上運行，高與頭平齊，左掌向下運行
至左腿膝外側。此時，左掌要有下撐之意，右手五指伸
舒，有向前上方打出之意。須頂精領起，鬆腰呼氣，伸蓄
腰脊，頂力貫肩，使內力達於指端以頂實（圖 3-275～圖
3-278）。

圖 3-276

圖 3-277

圖 3-278

95. 上步壓掌

接前式，身體重心移回左腿，右腳以腳跟為軸，腳掌外擺踏實後，重心移回右腿，身體右轉 90°，隨轉體左腳向轉體後正前方向上一大步，屈膝半蹲；右腳隨左腳上步，提腿跟進，將右腳掌並於左腳內側，此時左腿實，右腿為虛。隨轉體右手自上經右下方，經腹前掌心朝上，停於左胯側。左腿向前方上步踏實時，要壓左胯，右腿在左腳內側虛屈。

隨式含胸拔背，縮腰吸氣斂縮。同時，左手轉臂，由上向下經身前蓋掌，掌心向下壓；右手以肘貼肋，掌心向上托，兩掌平齊，相距一小臂的距離，左掌下壓與右掌上提形成對搓力。

此時須頂膝拔頂，沉肩鬆腰，呼氣伸蓄，勁由脊發。左腳跟穩力，全神貫注，以意發式，式動身隨，身隨力行（圖 3-279～圖 3-283）。

圖 3-279

圖 3-280

圖 3-281

圖 3-282

圖 3-283

96. 十字擺蓮腿

由前式，提右步向左併攏，之後身體重心移至右腿，左腳以腳掌碾地，腳跟向外擺；隨即左腳踏實，重心仍移回左腿，身體向右轉 180°，身體略向上領起。兩掌位置不變，隨身體右轉，右掌在腹前翻轉，使掌心向左，以肘貼腹；左手反掌，掌心向上。

隨式含胸拔背吸氣，提縮內力。同時，左腿穩力，右腿微屈，在身前齊腰高度抬起，全身挺立，隨著腰的右轉慣性力，乘勢向右擺腿。右手隨右腿的擺起，掌心向下貼於右胯側；左手裹肘隨身右轉，掌心向上，左肘尖對右膝蓋部位停住。

此式肩部要儘量舒展，隨轉體，要伸肩拔頂呼氣，伸蓄腰脊頂力，將內力外展以頂實（圖 3-284～圖 3-286）。

圖 3-284　　　　　　　　圖 3-285

圖 3-286（背面）　　　　圖 3-286（正面）

97.摟膝指襠捶

　　由前式，右腳在擺腿後的位置落步，微屈膝站穩，身體左轉調正，左腳在身前上步。隨動右掌變拳，由右側經耳側向身前腹部前方下擊拳，隨擊拳隨將拳眼轉為向上；左掌心朝右，護於右肩窩前位置。

　　此式要身體正直，略前傾，左腿在前踏實，右腿在後虛力，兩腿三七分力，將身體穩固。要含胸拔背，氣沉丹

115

田，右拳要有前衝力，內力要有全身搠足外展的表現（圖
3-287～圖3-290）。

圖3-287　　　　　　　　圖3-288

圖3-289（背面）　圖3-289（正面）　　圖3-290

98. 上步搭掌

　　由前式，右手屈肘握拳上提至胸前，由裏往外向上轉
至項前，右拳變掌，掌心向上，右臂向前伸出；左手則自
左側屈肘上抬，左掌心向前，與右掌相對，在身前同時向
前緩緩伸出，雙掌高與頭平齊。

隨式含胸拔背，吸氣含縮內
力。隨吸氣隨將雙掌前伸，左手在
上，右掌在下，雙掌做搭掌式。於
雙掌前伸的同時，邁右步，先以腳
跟落地，腳掌向前趕至前腳掌支撐
起身體後，右腳尖點地；左腿在身
前屈膝提起，隨左腿上提頂膝，右
腳腳掌領起全身。隨式左右掌同時
自上方隨向左大轉腰，向左斜側方

圖 3-291（背面）

拃動；當右肘與左膝相對時，雙掌翻掌，使掌心向下，同
時下按。上動不停，向右轉腰，將身體調正，隨之向前落
左步，再上右步成右弓步。隨右弓步形成，雙掌向身前推
出。

　　此式隨拃動，要頂精領起，沉肩鬆腰，坐胯呼氣，借
氣行力，以伸蓄腰脊之內力，使之外展達於指端而頂實。
隨式再上右步，雙手打出時，要使內力得以充分釋放（圖
3-291～圖 3-297）。

圖 3-291（正面）　　　　圖 3-292　　　　　　　圖 3-293

圖 3-294　　　　　　　　圖 3-295

圖 3-296　　　　　　　　圖 3-297

99. 攬雀尾（同 3 式）

100. 單鞭（同 10 式）

101. 下勢

接前式，身體重心移至右腿後，右腿屈膝下蹲，左腿在前做仆步。右勾手形不變，左掌心向下，直接向左腳面

下按。此後動作與 78 式同（圖 3-298、圖 3-299）。

圖 3-298

圖 3-299

102 上步七星

　　由前式，身體重心前移，頂左膝將身向上領起，左腿微屈膝，全腳掌著地踏實，與身體起立的同時，上右步坐左胯，右腿在身前以前腳掌著地虛踏。隨式含胸拔背，吸氣斂縮內力。左掌隨起身變拳，拳背向前，在正前方伸出與肩

圖 3-300

平；同時，右手由下往上運行也變拳，拳背亦朝前，以左拳在內、右拳在外方式搭腕。

　　此時要拔頂舒肩，鬆腰呼氣伸蓄，勁由脊發，使內力外展，將全身之內力頂實（圖 3-300～圖 3-303）。

圖 3-301　　　　　　圖 3-302　　　　　　圖 3-303

103. 退步跨虎

接前式，上身向右擰腰，雙拳隨擰腰向右運行至右側方時，雙拳變掌，重心略向前移至右腿，雙掌心向外並向左側捋帶，至左側後，身體重心略後移，雙掌向右捋帶；至身體中部時右掌向下運行，左掌向上運行至與頭平齊。後撤右步，腳跟著地踏

圖 3-304

實，左腿在身前微屈膝，腳尖點地虛力。隨式右掌向上、左掌向下運行，雙掌在胸前交錯後，以右向上、左向下方式，兩臂在左右身側展開。

隨式含胸拔背，吸氣提縮內力。隨退步右胯坐力，雙手立掌向兩側伸展開時，兩掌心均向內，要有靜中待動，換式待發之意（圖 3-304～圖 3-311）。

圖 3-305　　　　　圖 3-306

圖 3-307　　　　　圖 3-308

圖 3-309　　　圖 3-310　　　圖 3-311

104. 轉身擺蓮

由前式，左腳在身前，以腳跟為軸內扣腳掌，身體向右後轉，隨轉體身體重心略移至左腿。右掌向胸前下落，並使掌心向外，左掌向身前上提，雙掌平肩高度，掌心均向外。繼而右腳以腳跟為軸，腳掌儘量外擺，重心移至右腿，右腳踏實，左腿虛提起。雙掌手心向外，全身隨之向右後轉體 360°，隨轉體雙掌順勢隨扮轉，以右腳腳踝旋力，左腳抬起隨轉之勢，在身前落步踏實，此時雙腳的位置應是左腳尖朝前，右腳尖朝左腳內側。

圖 3-312

此時要拔頂擰腰舒肩，轉時呼氣伸蓄，頂實內力。左腳落地踏實的同時，雙手在前向右，由上至下向左旋掄。隨動含胸拔背，吸氣含縮以蓄力。雙手掄至正前方時，乘勢左腳踏

圖 3-313

力，右腳在身前自左向右旋擺腿踢起，雙手隨即在面前擊拍右腳面，發出連擊聲響；之後右腳落於右斜前方向，同時隨抽拍之勢，頂精領起，舒肩鬆腰呼氣，以伸蓄腰脊中心，支撐內力，貫全力達於四肢端，以體現內力頂實，因實復轉化為虛，靜而後動，動而化為靜，綿連相接，式式相連的動作完整性（圖 3-312～圖 3-316）。

圖 3-314

圖 3-315

圖 3-316

105. 彎弓射虎

　　接前式，右腿擺蓮後，在身體右側落步，成右弓步，壓右胯，腳力踏實，左腿在後虛屈。雙手握拳，由左斜方屈肘貼胸，隨式往右扭腰，雙拳隨扭腰撤至右方貼肋。含胸拔背吸氣，隨吸氣斂縮內力潛蓄待發，是為靜中寓動。

　　同時，雙肘貼肋，長腰拔頂，領動脊椎骨之內力呼氣，隨氣行力伸蓄外展，隨式雙拳向右斜前方，以左拳眼向左向前打出；右拳眼亦向左，先停於右耳側，繼而左拳內旋小臂，使拳眼朝右，漸旋臂漸向右肩窩處回撤；右拳則與左拳交錯後繼續前行打出，雙拳向前打出時，要與肩平齊，隨式舒肩送力，將力送至拳頂及身腰四肢端（圖3-317、圖3-318）。

123

圖 3-317　　　　　　圖 3-318

106. 左将右将

由前式，步型不動，坐左胯，腳力踏實，右腿在前虛踏。左手在下，右手在上，前後相錯，共同往左将帶。隨式含胸拔背，吸氣斂縮內力。雙掌将至左側後，再將右腳後撤一大步，坐右胯，腳力踏實，左腿在前虛力。

雙掌隨式在左側，直臂向上抬起，左掌在前，右掌在後，向右後側将帶。綿綿含縮，蓄意待發，相接轉化，虛實靜動，循環不已（圖 3-319～圖 3-322）。

圖 3-319　　　　　　圖 3-320

圖 3-321　　　　　　圖 3-322

107. 擠

接上式，左腳向右腳內側並步後，即向正前方向邁出，身體重心前移，成左弓步。同時，左臂在身前屈臂外掤，右掌以中指距右腕約 1 吋（1 吋 ≈ 3.33 公分）許，認住左腕脈處，左小臂外滾，雙臂掤圓，隨身體重心前移，向外摧擠。

此時要含胸拔背，內力由腿及腰，由腰至脊，由脊至雙臂，節節貫穿，將力送出（圖 3-323～圖 3-326）。

圖 3-323　　　　　　圖 3-324

圖 3-325

圖 3-326

108. 合太極

接上式，身體右轉 90°，重心後移至右腿，雙腳隨動調正，立身中正。兩臂分開由兩側向上抬起，至高於頭部上方，兩掌心相對，此後雙掌經耳側徐徐下按。兩腿站起，全身正直，頭頂端正，兩目平視，精神貫注，以意領式。

雙掌上舉時要深吸氣，使精神領起，增蓄內力。雙腿略下蹲時，要舒肩鬆腰，頂精領起，全身放鬆。兩臂由兩側上方下落時，掌心要有向下平按之意。隨動要徐徐平心靜氣，將氣緩緩呼出。隨按隨呼氣，身體漸漸站直，猶如雙掌按住一固定物，將身體拔起一樣。至身體完全站直後，左腳向右腳併攏，雙手在身體兩側自然垂落而收式（圖 3-327～圖 3-336）。

圖 3-327　　　　　圖 3-328　　　　　圖 3-329

圖 3-330　　　　　圖 3-331

圖 3-332　　　　　圖 3-333

圖 3-334　　　　　圖 3-335　　　　　圖 3-336

　　此式是本套路的完結式，依然要伸蓄外展，以全身之內勁，漸伸漸實，漸實漸穩，氣血並行，內外一致，息定氣合，意識皆安，因動而靜，歸本還原，充分體現整個套路的完整和勁力的貫穿始終。

第四章

108 式太極拳
技法解析

太極拳術在技法運用上有其獨到之處,將其運用於技擊實踐當中,對提高拳術的水準和臨陣制敵的能力,具有實際而積極的作用。

下面就選其重點,解析實用的基本技法。

1. 上步擠

乙方欲以右手攻擊甲方,此時甲方以右手,拿採住乙方來手之腕部,急以左肘橫屈,以內勁掤住乙方之手臂,並順其來手之肘彎,向外橫捲擠,以至乙方之胸部,右手隨之下按並順勢再進一步,向正前方向推按,乙方便後傾失中,向後跌出矣。

甲方左肘向外橫捲擠時,要使左小臂向前外滾動;右掌下按要與左小臂形成槓桿力,身體保持中正,不可有前傾後仰的現象。

2. 掛

乙方以右手從正面向甲方進攻,甲方以左手貼住乙方來手之腕,向左略擰腰,化解乙方來力,即刻以右手手心向上,從右肘底外側以拇指掌根處,往乙方自身左側盤掛至其前胸,以撥其被貼住之手,使乙方之勁力先落空,其右臂被控,左手亦不能前行運動而失勢,此時甲方乘勢急上右步,雙掌向乙方胸部連其右臂同時發力,將其按出。

雙掌前按要勢猛力足,有猝不及防之勢。

3. 打

此處的打是指,當甲方利用圓轉運化之方法,乙方為

化解甲方的運化，身體發生偏轉而失中時，則甲方乘其中空之際，急以雙掌向前，以脊肩催力，發內勁將對方向後推擠而跌倒，稱為打出。

打的應用方法很多，但以在得機得勢的情況下，雙掌撞擊對方胸部，將對方擊出為其基本用法。

4. 駝

乙方以雙掌同時向甲方正面進攻，則甲方以雙掌自上向下，制約住乙方之兩臂，使其難以進攻，亦難以變化。

當乙方受困欲退，甲可順勢上步，雙手同時發力，將其推出。

若乙方受控後，仍然繼續順勢進擊，則甲方用脊肩之內力貼住乙方雙臂，鬆腰坐胯，將其雙臂向甲方身前引帶下按，使乙方下空失中而向前撲倒。

5. 揉

乙方若以橫擠肘式進攻甲方，甲方則用雙手盤扶乙方肘臂，運腰脊之力，不容乙方回撤，順其來勢，急坐胯，扭身向右側或左側引帶揉化，一臂引一臂送，以腰胯的旋轉力，兩臂的揉化力，使其向左或向右跌出。

6. 尾

根據乙方之來手，無論其從左或右，甲方用左貼右攔，使其難以得勢。乙方若用雙手從兩側來擊，甲方自正面以雙手，貼住對方雙臂，乘勢急上步變手，按其前胸，全身蓄力，將其打出。

7. 單鞭

用法一：乙方若從上方向下撲打，欲擊打甲方頭頂前部位，甲方急以一隻手從彼肘底將其架住，立即再以另一隻手，順其肘下按其胸部，使對方傾倒。按其胸時，要頂膝坐胯，頭項頂力，發腰脊之內勁。

用法二：乙方以右拳向甲方進攻，甲方以左掌順其來勢，將乙方之右拳切掛捋住，以右勾手之腕部，由下向上擊打乙方下顎咽喉部位，使其下部位空虛，被甲方所乘而敗北。

8. 低手下勢

乙方從正面向甲方進攻，甲方以雙手搭扶在對方來手之上，從上方約制其手臂，先使對方來勢落空；進而以腕部貼住乙方雙臂，向兩側分開其雙臂。

與此同時上右步，腳踏乙方左腿之後，雙手自乙方腰胯部向兩腿膝部運行，摟住乙方兩膝彎處，隨即挺腰長身將乙方掀翻跌出。

9. 提手上勢

乙方以右拳擊打甲方面部，甲方立即以左掌，向自身右側引動乙方之來手，進而貼住乙方來手之腕部，反掌採住乙方之來手，右掌伸進乙方右臂窩處，捉肘向自身右斜側提捋。

捋時要急轉身，以腰行力，借力外旋，使乙方向甲方右側身後跌出。

10. 白鶴亮翅

此式中由展翅和亮翅組成。

展翅應用：乙方以右拳向甲方腹部進攻，甲方以左手向下劈擊來拳，虛左步。

乙方繼而用左拳或掌擊打甲方面部，甲方以右掌上撥開乙方之左拳，使其有前傾之意，隨即以右臂正面劈擊乙方之面部；或以右臂下壓乙方左臂，使其傾斜，並以左掌上戳乙方咽喉部位。

亮翅應用：如乙方向自身左側傾斜，抬右腳踢甲方左側，甲方則乘其奪臂後撤之際，右手採拿乙方左腕莫放，再以前手由下向上撩擊乙方之來腿，使其上身傾斜跌出；或以前手急擊奪肘之臂的肩頭。

11. 摟膝拗步

設乙方以腳蹬或踢甲方，則甲方先虛左步，以左手摟開乙方進攻之腿，進而上左步，以右拳或掌擊打乙方胸部。

若乙方以右拳或掌擊打甲方腹部，甲方左手摟乙方之來手，使其中空；隨即再以後手隨著向前上步，擊打對方之前胸。打時要頂膝坐胯，脊肩摧擠內力，對方自當難以立穩。

以上所說為左式，右式應用與此相反而已。

12. 手揮琵琶

乙方以右拳向甲方正面進攻，甲方以右手採住乙方之

來手，左手急從左下向右上，拍捌住乙方之肘，並向己之右側擠按，將其約制住，使其難以逃脫；進而上推撅臂或就勢向右繼續推按，使乙方右肘部位橫向受傷。

13. 二起掌

上式乙方被執，如奪臂回撤，甲方可乘勢向前頂膝壓胯，含胸拔背，雙手合力伸蓄內勁，捉住乙方後撤之臂，順勢扣掌先向乙方右側撥帶，即而上步，左掌上托乙方肘部，右掌下壓，雙掌同時用力，向前搓按攦送，使乙方應手向後傾倒。

14. 裏　肘

乙方以右拳從正面擊打甲方胸部，甲方急向裏裹左肘，右掌握其腕部，左掌扶其肘部，將其來手貼住，先向內引帶化解其來力，使其落空；繼而左腳踏實，左掌向外側撥其肘部；進而上右步，向右攦腰，雙掌同時用力向自身右側攦力推按；並借勢左掌上托其肘，右手下壓其腕，使其雙腳離地，被推按出去，向後跌倒。

15. 進步搬攔捶

乙方先以左拳向甲方正面進攻，甲方左步虛右步實，右手半握拳，以腕部接住乙方左腕部位，向自身右側下壓引帶，使其失中。

乙方如急於撤手後退，甲方當即左手扣其肘部，向左搬掛，使其難以逃脫，且身體右臂下空出，右肋亮出；藉此時機，甲方急向左旋腰，順勢成左弓步，以右拳貼己

肋，向前衝擊乙方之右肋或腹部，使乙方受傷而敗北。

16. 如封似閉

乙方如用左手封住甲方左腕，右掌前推甲方左臂，向甲方進攻，欲將甲方推向後跌出時，甲方則含胸拔背，化解乙方來力，並立即變手，交叉採住乙方之兩臂，速向兩側交叉捯出，使乙方兩臂在胸前自繞，難以伸展移動。甲方乘勢向前推按，其自應聲而倒。

17. 十字手

乙方如用左手（或右手）從上向下擊打甲方上身，甲方立即用與乙方同側之手，從下往上將其來手扯住撐起，順勢蹲腰坐腿，以脊肩行內力；以另一隻手順其被捉住之手，貼乙方之肋下捋至腳，急捉腿彎向上搬起；同時上手扯腕順搬起之勢，向斜側捯出（ 時全身蓄力貫之於手管制住乙方之手臂），乙方自向斜側跌出。

乙方如藉機撤腿後退，甲方即反手，兩臂上下相換，順其退式上身貼嚴乙方之上身，反扯反搬將乙方雙膝向內摟抱，使其難以逃脫，同時長身挺腰向斜側撒放出乙方。

18. 穿掌攬雀尾

甲方上右步出左掌，擊打乙方之前胸，如乙方吸胸化力欲逃脫，甲方則以穿掌攬雀尾式，自右耳後翻腕向前探掌，戳擊乙方面部，以助前手擊力之不足。

此後乘勢以攬雀尾之方法，繼續攻擊乙方，直至取得完全的控制權。

19. 抱虎歸山

若乙方以右臂斜身掄臂，自側面向甲方擊打，甲方則向乙方背側上步，腰腿穩力閃開乙方擊來之勢；同時順勢以雙手採捉乙方之腕肘，以脊蓄力順其來勢捋轉。

乙方如欲奪臂退步，甲方則乘其奪臂退步之時，急捉住乙方肘之手，轉腕反手由上往下按，使其下空，再順勢上步膝胯坐力，以採腕之手橫肘攏臂全身蓄力，向乙方前胸撞擊，使其後傾。

20. 肘底看捶

乙方以左拳向甲方正面進攻，甲方上左步抬左掌，以左腕外側貼住乙方來拳之外側，向左略旋腰，引帶乙方身體發生前傾；隨即制住乙方來手與臂。

乙方欲行後撤，甲方可乘勢上步，右手貼肋握拳向乙方左肋擊打。

乙方如用右拳從正面擊打甲方之胸部，甲方上左步，抬右拳從內接乙方右拳內側，左掌自胸前向上穿出直擊乙方胸部，乙方自顧避上身之時，甲方急以右手拳自左肘下，向前擊打乙方小腹，使其上下難以兼顧而被擊中。

21. 倒攆猴

乙方自正面進攻甲方，甲方含胸拔背向後撤步，以避開對方從下方侵來之勢，隨後撤步，左右雙臂在身側如雙輪前後掄動，以雙手反覆互換向前探按；同時兩腿互換後撤，以調和雙手運行，而穩固腰身，使自身無失；同時前

探按之手向下擊打乙方之來手，後手則自後向前向下劈擊乙方之面部。

22. 斜飛式

乙方以右拳向甲方正面進攻，甲方上左步，以左臂向上挑起乙方之來拳，向前上方送出，隨即身形下沉，以右手向右迎擊乙方之左手，使其左右分開，以支撐並揉化對方兩側上下來侵之力，使其難以得逞；隨即視乙方勁力之變化，而變換施力方向。

如乙方向左側抽離，甲方則上右步，以右掌反撥乙方之右膝，使其向後傾倒。如乙方向左側抽扯左臂，甲方則左掌翻其右腿膝部內側，使其向自身左側傾倒。

23. 海底針

乙方以左手握住甲方之右手腕用力扣拿，甲方立即穩腰坐右胯，舒右肩探背，腰脊蓄力，急向下挺隨，將乙方扣拿之手向下牽扯，使其下空失中，左掌則扶住乙方之右肩，同時向其左側推按，使乙方向自身左側跌出。

甲方亦可以右手握住乙方之右腕，猝不及防向下引帶，左手握其左肘部位，隨身形猛然下沉，使乙方向甲方右側身後前傾跌出。

24. 閃通背

乙方以右手攻擊甲方，被甲方握持。乙方如欲向上提回奪其手臂，甲方可順勢提肩吊肘，右手扣握乙方之手，帶起牽動其上身，使乙方胸腹部空出，並順勢頂左膝，腰

肩蓄力，全身向前貼近，乘其右臂高起之際，急以左手順其肘底推其腋窩處，成提擠之式，高吊使其上身傾斜，乙方便行腳下不穩而失中傾倒。

25. 撇身捶

乙方趁甲方不備，以其雙手從對面握住甲方雙肘不放，使甲方上身無法變動，甲方乘勢向外掤肘以肩挺力，隨即轉撇翻肘，右手拳自胸前由裏往上翻，以右拳擊打乙方面部，隨即反掌向右側引帶乙方左肘，左掌則推按乙方右肘，雙掌在乙方雙臂之間，捉乙方之臂向右斜側捯出。

乙方如急於奪臂，甲方可乘其撤勢，順其力往外急捯，乙方便自行跌倒。

若乙方先進攻甲方，以左掌握住甲方左腕，右臂纏繞住甲方左肘內側，欲將甲方搬倒，甲方則含胸拔背，沉肩墜肘，使左肘向內引帶，隨即上右步於乙方左腿後，並以右肘上擊打乙方左面部，進而以肘掛住乙方左肘，向右擰腰旋力，使乙方向甲方右側跌出。

26. 雲 手

甲方雲手的應用：一方面，運用雙手左右掛化，分開乙方從正面侵來之勢，使其中空，以便發現乙方之破綻易於進攻；另一方面，是以雲手之勢，變化出其他的進攻招式，以打擊乙方。如雲手變肘底捶、雲手變玉女穿梭、雲手變掛打、雲手變捯靠，等等。

甲方在掛化之時，要以腰行力，使勁力貫達雙手，並可隨對方中空之際，順勢進身貼胸以擊之，使其後傾跌

出。

27. 高探馬

乙方以右掌制住甲方之左臂，欲行捋化，甲方在乙方化手之際，乘其中空，以右掌沿自身左臂向乙方下顎咽喉處，以掌外沿砍擊；右腳則同時踢乙方前小腿正面。

乙方如急於避身後退，甲方則急以雙手互換前探，以脊肩之力達之於手指，上擊打乙方之面部，下擊打其胸部，使其難以兼顧；或近身緊貼住乙方，上搬頭下搬腿，向甲方右斜側方撒放出乙方。

28. 左右分腳

乙方以右拳向甲方進擊，甲方上抬左臂，捉住對方來擊之手，向上提捌，使其胸腹部位空出；然後乘勢上步，踢腿以膝行力撞對方之小腹。

乙方如急提腿掀胯，護其小腹部位，反以胯靠打，甲方可乘勢提後腿以膝行力，頂撞對方之後臀部；同時上手提捌並用將乙方打出。

29. 轉身蹬腳

乙方以左拳上擊打甲方胸上部位，下用右腿踢擊甲方腹部，甲方以左臂黏接乙方左拳，向外滾左小臂以牽住乙方肘臂。

乙方順左臂抬右腿踢擊甲方，甲方借勢以右臂外滾，化解乙方踢來之腿，進而內滾右臂抬住乙方踢出之腿，以左腿橫向蹬擊乙方左腿膝部內側，使其受傷而敗北。

乙方出拳後被制住，如欲奪臂逃脫，甲方可乘勢將其臂高架抖起，使其身體重心失穩，身之中下部空出，甲方疾速轉腳行腰脊勁平蹬其胯，隨左右以取便，對方焉能不倒。

30. 摟膝指襠捶

乙方右弓步，並用右拳向甲方腹部擊打，甲方以左手阻住乙方來侵之手，並立即隨勢上左步進身，左腳踏於乙方右腳內側，用膝部靠擊乙方右膝部位，使其搖動根基，站立不穩；右拳同時自上向下，以肘行力，擊打乙方小腹部位。

此時，須運用腰脊之力，由上向下衝擊乙方恥骨部位，以入其襠，使其下坐倒地。

31. 卸步打虎

乙方以急進之手法，進擊甲方之胸腹部位，甲方可以雙手握拳前打以護住自身；同時右腳踢起，以阻緩乙方急進之勢；再抽身撤步逐漸退後，使其進擊之勢落空；同時反臂轉肘握拳，自身後掄起由上往下，流星趕月式地擊打乙方之頭部，使其來不及退避而受到擊打。

32. 雙風貫耳

乙方上步用雙拳（或掌）正面進攻甲方胸部，甲方用雙手接住乙方來手，向內引帶。

乙方發生前傾，欲急於避身後退，同時又以雙手，由下往上阻擊甲方由上往下的擊打之勢，甲方可乘勢上步分

雙掌，由兩側採捉乙方之雙手。

如乙方再由上往下摔掌，以按壓甲方之來手，甲方乘其往下按壓之際，疾速撤回雙手，轉臂由兩側向前圈打乙方兩耳部位。雙拳圈打時，要長腰舒腹，伸肩探臂以肩舒力，急擊乙方面部兩耳之部位，使其難以縮肩退避。

33. 披身蹬腳

乙方以雙掌向甲方進攻，甲方先是以雙手虛晃作勢，以阻止乙方來侵之手，使其落空。

乙方受阻，抽身變式，在其換式的時候，甲方則乘勢提步抬腿，踢擊乙方胸部及小腹部位。

34. 轉身二起腳

由前式，乙方如急於後撤，使甲方落空，則甲方立即順勢換步，擰腰轉身，領拔脊骨之內力，穩固左腿，右腳提起，蹬擊乙方之胸及小腹部位；同時雙臂挑起，以擊打乙方之上身和頭部，使乙方上下難以兼顧而跌倒。

35. 挒

乙方如從對面以右拳擊打甲方前胸，甲方立即閃步斜身，使其來勢落空，順勢以右手採住乙方手腕，左手同時捉肘速向右側挒帶。挒時右胯要以脊骨蓄力，雙手一致動作，乙方自向右跌出矣。

36. 擠

乙方被挒如奪臂急退，甲方可立即順勢左膝頂力進

身，橫屈左肘壓住乙方右臂；同時，右臂彎曲成橫肘，用肘以脊肩攦擠之力，撞擊乙方前胸，使其向後傾倒。

37. 野馬分鬃

(1) 乙方從正面以右拳，由上向下擊打甲方頭部，甲方順勢上左步進身，以左手挑住乙方之右手，向上方引帶，使乙方發生前傾之態，然後以頭紮入乙方右腋窩下，上右步踏入其中門；同時以右掌叉入乙方襠下，向上挺腰，將乙方扛起摔出。

(2) 乙方上右步，以右拳佯攻甲方，實以左拳擊打甲方時，甲方立即以左臂上抬擎住乙方右小臂，右掌反手攏住乙方右腕，上左步於乙方右腿之後，再疾速撤回左手，向乙方左上臂探掌，左小臂貼住乙方胸部，向左旋腰，腰脊蓄力貫於兩手，左右兩手一致用力，向乙方背側捯按，乙方必向後跌出矣。

38. 玉女穿梭

玉女穿梭除單式應用外，更適用於被圍時的群戰法。

乙方如用右拳以上示下向甲方擊來，甲方可立即微屈腿進身，上抬左臂觸及乙方來手之小臂，將其來手架住，隨即向上滾動左小臂，引動乙方向甲方身前運動。

乙方發生前傾，如欲後退變式，調整身形，甲方可隨其退後之勢，急進身順勢向乙方咽喉或面門處戳擊；也可以左掌握住乙方右腕，右掌搬其左肘，向甲方左側捋肘，向外支出使其前胸空出，再立即變手換式，以雙手向其空出之胸部橫按。按時要以肩攦力。

乙方如向後或左右撤逃，甲方順勢急力不放鬆，隨其後撤之方向以橫按，其自難以逃脫。

當甲方被幾人圍在中心時，為解脫被動之局面，甲方運用玉女穿梭，四面出擊，可迅速解脫圍困局面，從而給予對方各個擊破。

39. 下勢

如乙方從上進擊甲方，且來勢凶猛，甲方不得入手時，可立即縮身下蹲，急衝其下部，以牽制對方上部擊來之勢，使其難以進擊。

乙方以上示下以右拳向甲方進攻，甲方以右掌黏貼住乙方來拳，下勢蹲身，以身形向下引領，使乙方發生前傾，甲方順勢將左掌插入乙方襠內，弓左步向上起身，將乙方扛起摔出。

若乙方發覺前傾被執，欲向後回撤被牽制的手臂，甲方順勢弓左步，再進右步到乙方左腳後，向甲方右側撤放，使乙方向自身左側後方跌出。

40. 金雞獨立

乙方自正面向甲方以雙掌進攻，甲方乘乙方來擊之勢，略上左步；同時急用左右手，從中將乙方來勢封住，提右掌接住乙方左掌，以左掌接住乙方右掌，並向左右領勁，使其胸腹部位空出，順勢提右膝，以膝行力，撞擊乙方小腹及襠部。

如乙方欲脫離接觸，向後撤步，甲方則前踢右腿，襲擊乙方胸腹部位。

41. 低式高探馬

乙方上步以右拳向甲方進攻，甲方以左掌接領乙方右拳，虛左步向自身左側引帶，右掌則向乙方右肩處前探，左掌撥住乙方右臂，雙掌同時用力向右轉腰，將乙方跌出；亦可藉乙方上身前傾之勢，上提右膝撞擊乙方胸部；此式亦可由雲手化開乙方來手，以擊其胸。

乙方如坐步後撤，可順勢舒肩探背坐右胯，以蓄力用右手指尖，頂撞對方心窩制之，使其自全身不得勢矣。

42. 上步壓掌

乙方以右拳自右側向甲方打來，甲方急縮腰從下往上，以右手接住乙方之來手，並反扣其腕，向右擰腰，以左掌反握住乙方肘部，向甲方右側推擠，使乙方被執跌出。

乙方被執如欲後奪其臂，甲方可立即向右側上左步，以左手搭其肘上橫臂下壓，使其上身前弓，彼恐有失，定會用力後坐以便逃手，甲方乘其後坐之際，以左掌向後搬乙方右肩，並順勢以右橫臂反撞其胸及肩部位，使乙方向後傾倒。

43. 十字擺蓮腿

乙方上右掌欲攻擊甲方，甲方略坐右步穩住身形，以右手接住對方來手，反扣其腕，向右帶力，隨即上左手扣其右肘，順勢上左步向右擰腰。

乙方併步後奪，反順勢往前上步，化甲方之力欲行反

打，甲方立即順其來勢向右後捌，急轉身乘其前上之際，擺起右腿，以膝行力，頂撞乙方之腹部，使其前倒。

乙方見被執，下蹲身欲行後撤，甲方則落右步左手扶住乙方腰部，遂向左旋腰，右手向後推其胸部，使其受傷而敗北。

44. 上步搭掌

乙方從正面以探掌手法擊打甲方面部，甲方含胸拔背，縮腰吸氣，虛左步穩右腿收縮身形，使其來力落空；同時雙掌由裏貼胸往上雙臂前探，左掌心向前，右掌心向上，以手搭住乙方前行之臂，急向左猛捋，捋時以脊肩摧力，雙手動作一致，牽動乙方使其下身不穩，向甲方左側跌出矣；亦可以前小臂搪開乙方之來掌，先向左引帶，使乙方上身不穩，而發生前傾；甲方藉機上左步抬右膝，擊打乙方襠和小腹部位；右掌自下搬住乙方下顎，左掌上搬住乙方左耳部，身體前擁，雙掌向甲方左下側同時擰搬，使乙方跌倒。

45.上步七星

乙方右拳向甲方擊打，甲方雙拳交叉，從下向上衝擊乙方，在接觸乙方來拳時，同時向外滾動小臂，使乙方向後傾動。

如乙方急以手搭至甲方之來手，欲行反打，甲方立即上踢右腿，踢擊乙方襠部；亦可當乙方雙臂振起，腹部空虛之時，甲方順勢向前撲打乙方胸部，使其難以脫化而跌出。

46. 退步跨虎

乙方以右腿向甲方踢擊，甲方後撤右步虛左步，以左臂下切外掛乙方來腿，旋即弓左步向左旋腰，抬右腿踢擊乙方之左腿彎處；右臂自上向下向右劈擊乙方胸部，使其向後跌倒。

如若乙方先以右拳擊打甲方腹部，甲方以左掌搭住對方來手，順勢掠其腕肘急行平捋，使其難以脫化。

乙方如順勢向前上步，以左掌擊打甲方面部，甲方以右掌架住乙方左拳，隨其動作，腰胯穩力，舒肩以蓄力，雙掌同時向右加速捋轉，因捋轉之速，乙方便會失去重心而傾倒。

47. 轉身擺蓮

乙方如以左拳向甲方攻擊，甲方以雙掌向左側捋化乙方來拳。

乙方隨捋轉之際，欲解勢化力逃手，繼而以右掌攻擊甲方，甲方當即上左步，換步穩腰，轉臂反捋向右回牽，不容其變。

如乙方猛力反奪其臂，甲方可順勢向右後轉身，擺起右腿踢擊乙方之面部（因其變式方向不同，可隨其左或右以用之）。

48. 彎弓射虎

乙方如從正面用右拳向甲方猛擊，甲方可立即閃身縮腰，身軀下蹲；同時雙手貼肋以蓄力，待乙方拳勢出擊，

甲方以右臂外側接住乙方來拳，向外滾動使乙方擊空前失，全身皆被牽動前探，甲方乘勢轉腰，斜身避過乙方前探之正面，急由外側長身舒肩，成右弓步，以左拳擊打乙方之右肋。此式是以橫力制其直力。乙方被擊，必向外跌倒矣。

　　乙方如欲後撤，甲方用右掌撥開乙方右拳，乘乙方後撤之時，向左旋腰成左弓步，以右拳直追擊打乙方面部。

第五章

太極推手

太極推手是雙人徒手運用太極拳技術，採用掤、捋、擠、按、採、挒、肘、靠、進、退、顧、盼、定的太極拳武功技術，實施貼身，相互攻擊，又相互化解，在你來我往的運動中，體會太極拳術纏絲勁的運用，實現揉化剛發，用意不用力，靜如處女，動如脫兔，達到四兩撥千斤的效果。

太極拳術就徒手練習而言，包括兩方面內容，即盤架子和推手練習。

所謂盤架子，即是套路練習。這是每個習武者必須經常練習的內容，既是入門的必修課，也是終生不可放棄、提高拳術水準的功夫修練。然而這僅僅是一個方面，所練內容都是知己功夫。也即只會盤架子，其實並沒有掌握太極拳徒手練習的全部內容，究其實質而言，只不過掌握了太極拳的初級技術，作為養生有餘，用於實戰則不足，必須輔之以推手練習。

在反覆的由盤架子到推手，再由推手到盤架子的不斷練習中，由推手而發現自身盤架子的缺陷之處，再由盤架子到推手的實際應用和千變萬化，反覆地磨鍊和體會，才能把握太極拳的精髓，全面掌握太極拳術，並使技藝水準不斷提高。

太極推手是太極拳術中的重要組成部分，是雙人對抗性練習。在經過一定階段的太極拳套路練習之後，雙人之間運用拳術的技術技巧，破壞對方的平衡，從而將對方推出摔倒，失去抵抗能力而敗北。

透過太極推手練習，一方面可以提高太極拳術的功力，糾正套路練習中不正確的地方，有利於完整準確地理

解太極拳術的運動特點，掌握其內在規律，更快更好地提高套路練習水準；更好地體會太極拳的實戰技術技巧，從而全面提高拳術水準，並將拳術應用於實際的能力。許多太極拳運動愛好者經數年努力，在實際應用中，依然不能很好地掌握行走運化的功夫，大約與沒有經過推手訓練有直接的關係。另一方面，太極推手由於是雙人的、帶有對抗性質的練習，能克服盤架子初期的枯燥情緒，提高興趣，並在此基礎上進一步強化實戰的應用技術。

盤架子是個體練習，時間久了難免會產生枯燥情緒，有迷茫的感覺。比如野馬分鬃，怎樣打得準確，它的實際應用在哪兒？他的力點變化又在哪？等等。諸如此類的問題會不時地困擾著欲精益求精的練習者。

透過太極推手練習，在你來我往的運化擊發過程中，不但增加了無窮的樂趣，而且運用掤、捋、擠、按、採、挒、肘、靠為基本要素，將太極拳招式靈動地運用到推手當中，對提高太極拳的實戰能力，具有極大的幫助，這是其他任何方法都不能取代的獨特的太極拳訓練方式。

在基本學會了太極拳以後，經過長年堅持不懈的努力，隨著功力的提高，武學文化知識的豐富，道德水準的修養，身心的強壯，你會發現，整個人會變得心胸豁達，思維縝密，反應靈敏，身手矯捷，給人一種慈善祥和，空靈明澈，沉穩練達，充滿活力的感覺。

一、太極推手的基本原理

太極推手雖是對抗性的練習，但絕不是彼此用拙力笨

力相抗爭，而是利用練就的太極拳術的「勁」，採用掤、捋、擠、按、採、挒、肘、靠的方式，以沾、黏、連、挨、隨、吸、化、形、解、縮的方法，破壞對方的來力，使其落空失效，並在其自身慣力作用下，產生偏差，失去平衡而摔倒；而保持平衡的一方，運用太極拳技術技巧，沿著對方失衡跌出的方向再加力，使其產生更大的加速度，在雙力合一的作用下，使失衡一方迅速跌倒。猶如一個人已經站在懸崖邊，掙紮著調整平衡，欲脫離險境，此時只需一個很小的力作用於其身上，即可使其跌落懸崖。故太極拳打手歌中說：「掤捋擠按須認真，引進落空任人侵，周身相隨敵難進，四兩化動八千斤。」基於此，太極推手撒放的基本原理，從以下方面進行介紹。

⑴以圓的滾動方式，承載直線的來力，使其沿著圓的運行方向發生慣性前衝，達到破壞對方平衡的目的

就好像一個人拿著一直棍，用力地觸在石頭球上；當球體在靜止的情況下，雙方在某一點上達到暫時的平衡。但直棍絕經不起圓球向任何方向的轉動，哪怕只是一個微小的滾動，都會破壞掉木棍的施力點，從而破壞掉持棍人的平衡，使其向所施力的方向慣性跌出。

透過以上的例子，可以看出，太極拳是以圓轉的運動，破壞對方的平衡，使其沿著圓的切線方向撒放出去。因此，在太極推手中，特別強調掤勁不可丟，丟則失勢。同時強調圓形運轉，須無凹凸處，無缺陷處，要做到「觸處成圓，處處成圓」（這兩句話的意思，有相同處亦有不

同處。前一句，強調的是承接來力時，即有外力作用於你的身上時的狀態；而後一句，則強調自身練拳時，運動路線要圓潤平滑，不能有硬角和死彎）。雙方據此實施太極推手的攻防練習。

⑵ 以內圓化解掉對方的來力，使其失去著力點，進而使身體失衡而敗北

太極推手還強調內圓的應用及引進落空，意思是將對方的來力，完全被我所吸收掉。如鹽入水，歸於無形；又好像滑落深淵，身無所依，力無所用。引進落空強調的是落空，是對方的來力如浮萍在水而無根基，似落葉飄忽而無著落。引進也有引誘誆詐之意。

以我的技巧引誘對方，使其判斷失誤，出現盲動，從而將制勝的主動權拱手讓出。

此處的關鍵，是要使對方因貪而失，因欺而敗。要做到這一點，引進一方的內圓，須平滑圓潤，深邃而富於變化。拳論中「俯之則彌深」即針對此方面而言。

⑶ 以纏絲勁裹縛住對方，使其在我節節貫穿、連綿不斷的勁力滾動中，無從把握方向，無法施展功力而敗績

太極推手是太極拳術進入上乘的必由之路。透過兩人循環往復，你來我往的過程，體會太極拳術的真諦，深厚自身功力。在個體對抗中，兩個不會拳術技藝的人，只能憑藉本能，用拙力笨力相抗擊。其結果無外乎力大勝力小，體強勝體弱。

而一個拳術門外漢，或技藝不精的人，與太極高手相抗擊，前者則會在瞬間受制，失去反抗能力。

在這種對抗中，高手所使用的就是長期正確鍛鍊形成的太極纏絲勁。這種勁，不是直來直去的勁，而是依照太極拳術的要求，周身練就的，符合人體最佳運行規律的勁。它是在身體接觸過程中，在立身中正的基礎上，以螺旋形的圓轉曲線運動，不斷地作用於對方直來直去的直線運動上，使其發生偏轉變形失重失中，以致完全失去效用。在對方失衡欲調整身形的瞬間，我則向其失衡方向，再施加一外力。則對方必倒無疑矣。

在這個過程中，太極拳術技擊所運行的路線，不是直線，似乎路線長了，但是它的運行路線，卻是最省力最自然最圓潤最流暢的路線。所謂「財不入急門」，雖然走的路線看似長了，但所獲收效何止千倍萬倍。

這如同以滑輪起吊重物一樣。一組滑輪吊起重物，比直接拉起重物要省力得多，但滑輪的繩索也要加長。道理是一樣的，太極推手中，纏絲勁運用得越巧妙，所用力越少，所發揮的作用就越神奇。

懂得了這種勁，結合各種招式，相互組合變化運用，實戰中就會產生空靈神奇的效果，達於拳論中所說：「由招熟而至懂勁，由懂勁而階及神明」。

⑷以點的反應帶動周身整體的靈動

太極拳論中強調腰為主宰，一動俱動無有不動，周身處處皆太極。太極推手是將盤架子中體會到、感覺到的，拿到具體的實戰環境中去檢驗。

正如一位哲人說：「感覺到的東西，你不一定認識它。只有認識了的東西，才能更好地感覺它。」推手訓練，實際就是對太極拳的再認識。

在實際生活中，有的人盤架子感覺已經不錯，講起來也開合有序，陰陽互存，等等，頭頭是道；但一經搭手，氣浮力僵，茫然不知所向，頻於應付尚且不及，何談引進落空。究其原因，皆為只求入門之術，未窺堂奧之功。而這些問題的解決，非經推手訓練不可。

透過推手練習，可以更深刻地理解太極拳的理論，可以自我糾正盤架子中的不足。久久練習，掌握了其中的奧妙，則反應靈敏，行動迅捷，氣定神閒，運化自如，彼方來力只要觸及我一點，我則以一點之變，帶動周身全體之變化，在變化之中，集中優勢兵力，攻擊彼方最薄弱處，從而產生摧枯拉朽的力量，以迅雷不及掩耳之勢，使彼方受到嚴重的挫折而敗北。太極拳論中，「捨己從人」「打即是化，化即是打」，在推手中可以獲得直接的經驗，而在盤架子中則不容易體會到。

⑸以沾、黏、連、挨、隨、吸、化、形、解、縮的方式，感知對方的思路，製造連環陷阱，使其就範

太極推手習練日久，你似乎可以將中國古聖前賢的思辨哲學，古現代兵書戰策中的智慧，靈動地運用到推手當中，從而使拳術愈練愈精而「階及神明」。

久習推手，練拳有日，隨著功力的加深，你會發現一種神奇的現象，即在接觸到對方的瞬間，會立即感覺到對方力的走向，及心裏或欺、或貪、或怯、或驚的狀態，似

乎他將所有思想和計劃，和盤托出在你的面前。你於他深不可測，無所測陰陽；他於你光天化日之下，毫釐必現。試想，一個已經暴露於明面的，毫無隱晦的意圖，其取勝的可能性就可想而知了。

另外，隨著推手經驗越來越豐富，智慧也在不斷地提高。如果你善於總結，你會發現推手中，蘊含著許多古代優秀的戰略戰術思想。比如《孫子兵法》中有：先求不可勝而待敵之可勝。講的是自己先要保證不被敵人戰勝，當敵人出現漏洞，我則抓住時機，一舉予以殲滅。

太極推手強調：立身平準，中正安舒，等等，均是要求首先安排好自身，求其不可勝，再求戰勝對方。又如，「兵無常勢，水無常形，能因敵變化而取勝者謂之神」。而在推手中，捨己從人，引進落空等，均是因敵之變化而出奇制勝的方式方法。

諸如此類的例子，在推手中不勝枚舉。古語云：「文武之道，一張一弛，運用之妙，存乎一心。」推手習練日久，功力日深，則智有所餘，技有所施。到周身無處不太極，一羽不能加，蠅蟲不能落時，則不激不厲，風規自遠，從而使拳術運動具有了無窮的樂趣，實踐中產生神奇的效果。

❀ 二、太極推手的基本要素

太極推手的練習，是遵循太極拳理論，並在其統領下，實施的有章法的訓練。它是由規矩始而入自然，於自然中顯規矩的循環訓練過程。在這個過程中，使拳藝水準

不斷昇華，完成由個體的必然王國，到自由王國的轉變。

然而推手終歸是兩人之間對抗性的訓練，有別於盤架子。太極拳有「盤架子是知己功夫，推手是知彼功夫」的說法，此論有一定的道理。

但是知己功夫達於何種程度，才能有效地應用於實踐（雖然拳術應以強身健體為主兼及其他，但在實踐中如果不能有效地利用其技術，保護好自身及他人，則其練習拳術的價值，也就打上一定的折扣了），拳式的理解上有無偏差，所施招法能否發揮效用，對方施法我方能否有效地實施運化等，諸如此類的種種問題，都可以在推手訓練中，得到檢驗和修正，進而提高自身的拳技藝術，使太極拳術達於上乘。

那麼推手訓練中，須掌握哪些要素才能不失規矩，把握拳術提高的正確道路呢？

筆者認為，有兩大方面，十八種基本要素，是必須掌握的。一方面是就身形身法，步形步法，手形手法而言的，沾、黏、連、挨、隨、吸、化、形、解、縮；另一方面是就撒放技藝而言的，且與身形身法等密不可分的掤、捋、擠、按、採、挒、肘、靠。

1. 沾

沾依字面解釋，是浸染浸濕，引申為帶著點關係，或者接觸外物而受其影響。太極拳中的沾是指輕輕地以身體某一部分，小面積地接觸對方（一般指以手背部位的接觸）。這種接觸是虛虛的，似有若無的觸及，重在虛和靈。自此以後的無窮變化，招式的應用，全來源於沾。

在沾的瞬間，感知對方來力的大小、方向、輕重、緩急等，權衡對方的全部訊息，以備我用。沾是於一點之內，窺知對方之整體，於毫釐之間，決勝負之策略。含而不露，引而不發，待時而動，動必有由，運鴻蒙於兩手之間，決勝負於閃電之際。

沾須輕靈虛空，忌僵努硬拙。

2. 黏

黏結膠合不使脫離之意。太極拳中的黏，是指雙方手臂接觸，在相互纏繞中，好似黏在一起；而不是抓住對方，撕皮掠肉，拉拽摟抱，等等。

太極拳論中說，黏即是走，走即是黏。強調的是不脫離之意。雙方一經黏住，則運用纏絲之法，貼住對方。如黏膠貼肌膚，似油漆之入木板，使其丟不開脫不掉，如影之隨形，不離不棄。彼方於我，計無所施，力無所用。待我得機得勢時，則出其不意，攻其不備，乘勢擊發，發則必中。黏是以皮膚的感覺為其先導，既要以對方的行動路線為導向，又要不露痕跡地使這個路線向有悖於彼方，而有利於我方的方向發展。

因此，黏既要有順勢的一面，又要有目的地實施控制；既要有隨屈就伸的招法，變被動為主動，也要有引誘誆詐的手段，製造克敵制勝的時機，並把握住時機。

黏須屈、柔、走，忌猛、挺、直。

3. 連

取滔滔不絕，連綿不斷之意。太極拳要求行功走架過

程，猶如行云流水，連綿起伏，做到力斷氣不斷，氣斷意相連（所謂力斷氣不斷，氣斷意相連，實際上是講的儘量不發生斷）。在盤架子中，式與式的轉換之間，要圓潤自然，不留痕跡。

推手中雙方在你來我往的相互制約又相互運化之中，各種招法的運用變化之間，急來則急應，緩來則緩隨之際，必須式式不絕，招招不斷，猶如波濤湧動，連綿起伏，永無斷續。形成我為中心，彼為旁襯，蓄發在我，招之即來而不得不來，揮之即去又不得不去。

在太極拳推手中，勁路的運用，招法的萬千變化中，其運行的路線，需自然飽滿，靈動活絡，也就是拳論中強調的：無凹凸處，無缺陷處。

總之，連是針對斷而言的。不連即斷，斷則有失，失即有敗之可能，故而要連。

連須從、順、妙，忌追、迫、拙。

4. 挨

挨是擠進靠攏之意。推手雖言手，但不僅僅侷限於手和臂的接觸。理論上身體的任何部位，都可以發生接觸，而產生或運化或擊發的動作。那麼，這種接觸即是挨。

挨也是指身體較大部位的貼住，其主旨是透過適當的方式，我方深入到敵方陣地內部，雙方在身體較大面積的貼靠和黏接，占據主動的一方以挨的方式，將失勢的一方撒放出去。拳論中強調的「周身處處皆太極，挨到何處何處發」即指此意。

挨須穩、密、和，忌呆、鬆、分。

5. 隨

隨是順從之意。太極拳理論中認為，拳術的應用要借力打力，因勢隨形，因勢利導；不以拙力相抗，不逆勢而為。認為頂匾丟抗皆為病（這裏所說的病，是指不符合太極拳要求的力的運用，是拳術的病，而不是鍛鍊者身體的疾病。事實上，如果拳術中的病不能及時去除，久而久之，不僅拳藝難以提高，對卻病延年，強健體魄亦會有一定的影響）。隨是主動地適應，而不是被動地為人所牽引。透過隨，感知對方的意圖，把握對方的脈搏思路，使其所有的預謀，在我面前無可遁逃其形，從而被我所控制，產生失誤而敗北。

隨須嚴、擎、安，忌散、軟、亂。

6. 吸

吸是太極拳中的一種主動狀態。它是在將自身意圖隱藏得極深的情況下，採取一系列的手段和方法，使對方產生盲動，不知不覺地落入圈套。

吸，不是強拉硬拽的逼其就範。而是使對方沿著既定的路線，不知不覺地走入陷阱。初看似不經意，待其發覺，欲行調整身形或欲收手，已經無能為力。這就是吸要達到的效果。

吸須巧、神、深，忌乖、呆、露。

7. 化

化為改變之意。《黃帝內經》中說：「物生謂之化，

物極謂之變，陰陽不測謂之神，神用無方謂之聖。」太極拳中的化，是指遵循太極之理，以拳術的招法，改變對方傷害於我的力的方向，或使其落空，或使其轉化成為我所用的力。巧設機關，變換方式，使對方的來力猶如鹽之入水化為烏有，有如空中揮拳，空發力而無著落。

化不是躲開，而是隨形就勢，隨屈就伸，靈活轉化，黏住對方，聽其力的變化（此處的聽是皮膚的感知，而不是真的用耳朵去聽），以採取必要的方法措施，製造我順人背的局面，從而克敵制勝。化的關鍵在柔，無柔則不能化。所以拳論中有至柔則至剛的闡述。

化須柔、韌、圓，忌軟、散、匾。

8. 形

形是指外在的表現和勢所存在的狀態。太極推手雖是對抗性的技術技巧的較量，也是錙銖必較的心智鬥法；一旦失勢，則會一敗塗地，無可收拾。所謂螻蟻之穴，潰千里之堤。因此，推手中，於己要潛跡隱形，不暴露自身的意圖；於對手則一經接觸，即要知其所以然。因此，說形是一種把握。

正如《孫子兵法》云：「善守者，藏於九地之下；善攻者，動於九天之上」「勝兵先勝而後求戰，敗兵先戰而後求勝」「凡戰者，以正合，以奇勝……紛紛紜紜，鬥亂而不可亂也；混混沌沌，行圓而不可敗也。」透過由內到外、由表及裏，見微知著的觀察和感知，做到人不知我，我獨知人。這就是形。

形須備、隱、穩，忌疏、顯、慌。

9. 解

解是解開分散之意。尖銳的東西容易將物體破壞掉。將其鈍化並破壞其入射角度，改變其運動方向，即可使這種力失去效用。這就是解。

太極拳中解又不僅僅停留於以上方面，而是透過解，使其失勢的同時，在其最薄弱的環節點上，給其一個加速度的力，迅速摧毀掉其微弱的平衡，使其傾倒或跌出。

解須領、圓、分，忌頂、偏、聚。

10. 縮

縮是聚攏捆束和收斂。太極推手在你來我往的運行中，利用拳術技術技巧，捆縛住對方。當其完全被捆縛住時，他已經成了一根僵直的棍，其根基一動，必倒無疑。

縮還有自己收攏之意，當對方外力加之於我身上時，我則向內聚攏；當外力已經無能為力於我時，我的聚攏又產生炸力，使對方被擠而跌出。

縮須聚、攏、炸，忌積、緩、洩。

以上方面雖分別敘述，實際上是綜合的整體，運用上更需靈活多變，或一二組合，或三四組合，或多項組合，使之成為有機的整體，而非單一的應用。明確了這方面的認識，則對撒放方式的理解就不難了。

太極拳術的技擊技法在各種招法的應用上，其基本的要素有掤、捋、擠、按、採、挒、肘、靠。在得機得勢的情況下，運用這些要素，配合技術技法，使拳術產生強大

的攻擊勢能，作用於對方身上，使其徹底失去反抗的能力而敗北。

1. 掤

甲乙雙方進行推手，乙方以揉化運行之時，腰胯穩力，脊肩舒勁，雙臂黏連，向前橫擠；甲方以靜待動，不頂不抗，腰脊坐力，勁由脊發，蓄力立掌，將乙方之來勢掤住，因其動而變，隨其左右以揉化之，使乙方之擠勁不得進我之身。

掤是太極拳的重要要求。掤勁展示出太極拳術外柔內剛，剛柔相濟的外在表現形式。在太極拳理論中所稱的要一身備五弓。即指此勁。

掤是經過久練形成的，外示揉化，內含剛強，周身皆備，非僵非拙，沉穩靈動的活勁。具備了這種勁，周身上下，才能如拳論中所說，如環之無端；才可做到周身處處皆太極，挨到何處何處發。

2. 捋

以雙手引帶對方，順著對方來力的圓的切線方向，使其向我方兩側跌出的方式，稱為捋。

如甲方乘乙方動變揉化之時，以力聽力，將乙方黏住，若乙方用左手橫力頂來，甲方即以左手隨其頂力之來勢，彼如急猛有力，立即腰胯坐穩，脊肩蓄力，向左揉化，使其力急難收，順勢以左手急採其左腕，右手隨即立掌，壓握對方肩肘，以制乙方脊肩來力，順其勁，向左側將其捋出。

3. 擠

正面的進擊，以我方內力，將對方的身形壓扁，使其勁路運行線路失去圓潤，出現死角，而被向後或向旁側跌出，稱為擠。

擠一般是以小臂的向外滾動勁力，貼住對方身體由下向上翻捲，猶如浪峰向裏捲的狀態，將對方向外撒放。以大身形的旋動，將對方擊倒亦屬於擠的範疇。

如甲方乘乙方揉化之際，腰胯穩力，脊肩蓄勁，待於得機得勢之時，欲橫肘黏連以擠乙方，乙方如一雙手急於掤甲方來勢，甲方不待其穩腰舒肩，立即前腿頂膝後腿蹬力，身腰隨式前進，以摧擠腰脊之內勁，貫於肩肘，使腿身肘一致向前發擠，將乙方掤勁擠空，則乙方自行向後退步失中矣。

4. 按

以上示下的揉化，抑制住對方，使其運化失效的方法，稱為按。

按包括敷和蓋。總之透過按，使對方沉下以後再無能力浮起。

如甲方乘乙方橫肘擠來之勢，穩力掤住，乙方如欲急行腰胯坐力，橫肘向下空隨，使甲方掤力落空，甲方掤以聽力，隨乙方向下空隨之際，腰胯坐穩，脊肩蓄力，隨彼動亦動，雙手一致，急行發勁，將乙方按出，莫使其緩勁脫化以變手。

5. 採

微向上引帶後，迅速向下沉拽的動作，稱為採。

採為摘取之意。猶如摘蘋果，愣往下拽一般摘不下來，如果先向上托再往下拽，則著力不多，即可將果實摘下來。採也如此，欲下先上。採的結果，往往使對方直接栽倒在我的腳下。如海底針式，即是明顯的採的應用。

6. 挒

扯開之意。挒是利用太極拳的技術技巧，將彼方的整力分拆破壞掉，使其成為零斷而散亂、無威脅的力。

猶如將布帛扯裂開，後而順勢將其撕開一樣，將彼方抖發出去。

7. 肘

用肘擊打之意。太極拳的肘擊，不侷限於肘尖的部位，而是指小臂至肘尖的部分。用肘方法有二：

一是以腰的旋力，以肘（多為小臂部位）延平圓的切線方向進行擊打；

二是以肘深入對方的防禦縱深，進行擊打。

肘的擊打式狠力促，應用不當極易給對方造成傷害，故在推手中應用當謹慎對待之。

8. 靠

緊貼對方實施擊打的動作。靠一般是以肩的擊打為多（也有背側靠等），且是深入到對方防禦的縱深實施擊

打。靠勢猛力足，威力較大。但由於是重兵出擊，安排不好自身的重心，也往往易造成自身的失誤。

太極推手中還有一種稱為補手的動作。補手在拳術動作中具有重要的作用。它是在自身動作有缺陷時，予以補足，以防有失的一種防禦手法；且於得機得勢時，加強攻勢，鞏固擴大成果的一種技術技巧運用方式。應用得法，會收到事半功倍的效果。因此，在太極拳推手練習中，要有意識地加強補手的訓練。

另外，在太極拳論中，常常提到進退顧盼定，是指進步、退步、左顧、右盼、中定。即身體的行為狀態，在空間的位置及如何安排。在盤架子中可細心體會，在實戰中根據情況靈活運用，而不能拘泥於硬性的規定。

此外，推手練習雖然是對抗性的訓練，但其主要功用，應是藉此提高拳術修養，切不可比勇鬥狠，更不可欺凌弱小。

推手過程中，容易致傷的招式，淺嚐輒止即可；如欲達於標準，也必須將動作放慢，以免受傷或傷及他人。特別是一些反關節的技擊方式，一般來講是禁止使用的。

三、太極推手內容和操練方法

太極推手的內容，一般包括定步推手和活步推手。定步推手中，有定步單推手和定步雙推手（亦稱四正推手）。活步推手中，又有大捋（亦稱四隅推手）和亂踩花等。

（一）定步單推手

單推手基本有三種方法：平圓、立圓和側半圓。

預備式：甲乙雙方相距約一臂半的距離，相向而立。雙腳與肩等寬，以盤架子要求站好。放鬆身心，氣定神閒，鬆靜自然。兩人以自然步距向前邁右步，兩人右腳踏於一橫向線上，相距約一人肩的寬度；以右手背相黏接，左手叉腰，沉肩墜肘，含胸拔背，氣沉丹田（此為右式，也可左腳在前，以左手相接成為左式。運動起來可在動作不停的情況下，左右式互換）。

1. 平　圓

甲乙各以右手手背相接。甲左旋腰，右臂向左引領乙方，邊引邊手臂內旋，至身體左側時掌心向上。上動不停，攏胸縮胯，向右轉腰，右臂外旋，掌心扶於乙方右腕部位，向乙方左側推擠，乙方則引帶甲方，直至甲乙雙方的起始部位完成一個平圓。在一個平圓中，甲乙雙方各是半圈引帶和半圈推擠。左右兩側的極限位置，是半圈轉換的拐點（此處所指是發生明顯的變化的點，實際上在整個圓中，手臂是隨著腰的活動和對方手臂的變化，在進行著不間斷的纏絲勁的運動）。

在一個平圓內，甲方引帶乙方推擠，乙方引帶甲方推擠，甲乙方各完成一次引帶和推擠的動作；同時，手臂亦完成內旋 180° 和外旋 180° 的旋轉轉換。

左式與右式動作相同，唯左右相反而已（圖 5-1～圖 5-4）。

圖 5-1

圖 5-2

圖 5-3

圖 5-4

2. 立　圓

　　甲乙雙方接手進行平圓的運行以後，上動不停，即由平圓轉換為立圓推手。

　　立圓的推法與平圓類似，只是將平劃圓改為在身側，立著劃圓即可（圖 5-5～圖 5-8）。

圖 5-5　　　　　　　　　　圖 5-6

圖 5-7　　　　　　　　　　圖 5-8

3. 側半圓

　　側半圓站法與平圓同，推法似乎是立圓的一半，只是將立圓的上半圈取消，至半圈頂點時（即當手與肩平時）即轉換身形，由引帶轉為推擠。

　　依次循環往復進行練習（圖 5-9～圖 5-11）。

圖 5-9　　　　　　　　　　　　圖 5-10

圖 5-11

【要求】

(1) 推手練習必須依照太極盤架子的要求進行動作，如沉肩墜肘，氣沉丹田，含胸拔背，虛領頂勁，等等。要在循規矩中找自由，在自由中顯規矩。

(2) 雙腳非萬不得已儘量不要隨意移動，最多也只允許一隻腳移動一步。否則視為敗績。這樣要求，一方面是增強底樁功力，另一方面則是增加運化的難度，提高拳術

應用的功力。

(3) 要以理解太極拳纏絲勁運行的機理、揉化方式、皮膚的敏感度、招式的靈活轉化應用為主。不要計較一招一式的得失。

(4) 要體現太極拳術的自然妙理，不允許以僵力、拙力、抗力或以手撕拉扯拽。

發放也只允許在對方失衡的自然狀態下，使其向外跌出，不可使用蠻力。

(5) 要體現友誼精神和高度的武德修養，不允許用任何方式傷及對方。

（二）定步雙推手

預備式：與單推手相同。

甲乙雙方相向而立，右腳向前邁一自然步。以右手背相黏接，左手心向裏，扶住對方左肘部位。此時雙方手臂撐起，如同抱持著嬰孩兒狀。

以甲方為準，甲方沿順時針方向，向自身右側引帶；當乙方右小臂微屈肘，橫於胸前時，甲方雙掌心向外，扶於乙方右小臂上，右掌按於乙方右腕，左掌按於乙方右肘部位。此時甲方由掤至捋而後形成按；乙方則由掤至擠再至掤。

上動不停，乙方左手離開甲方右肘部位，右臂繼續掤勁，承接住甲方雙手；左手由自己胸前，向右肘彎處，五指微屈插接甲方的左手。兩人左手背貼住以後，甲方右掌趁勢扶於乙方左肘部，並繼續向右後微向下，經胸前向左運行。

此時乙方按甲方左臂，並隨甲方動作而動。甲方左臂引帶乙方雙掌，至自身左側，右胸前高度時，右手微屈，插接乙方之右手；同時，左手扶住乙方右肘部位。此時甲方雙臂順時針，完成由掤捋擠按四種勁組成的一個圓周。乙方亦隨甲方的動作，完成一個圓周的運行。

甲乙雙方順時針旋動後，再改為逆時針旋動。右腳在前練習後，再換成左腳在前，繼續練習（以上動作所說是為敘述方便，實際上甲乙雙方無主從之分）。在每運行的一圓周內，均含有掤捋擠按四種勁，且均可成為撒放的手法。此種推手也稱為四正推手。

甲乙雙方在相互推挽中，體會纏絲勁的形成、走勢、變化等，勁力的形成過程，增強底樁的平衡穩固能力，探知揉化來力的運行方法，提高自身的敏感力，從中體悟化即是打，打即是化的實際運用方式。經過一段時間的練習，掌握了一定的基本功以後，即可進行撒放鍛鍊了。定步推手一般情況下，不允許腳步移動，最低要求也只允許一隻腳動（圖 5-12～圖 5-15）。

圖 5-12　　　　　　　　　圖 5-13

圖 5-14　　　　　　　　　　　圖 5-15

　　有關於撒放的方式方法問題，理論上可以有無數種方式方法。因為在運動中，任何一個角度的變化，都可產生一個或數個變化的效果，論述中不可能窮盡所有的方式。在此選取了幾種有代表的撒放方式進行分析（此處所說撒放方式，甲乙方均可在得機得勢時使用，但為敘述方便，此處以甲方撒放為主）。

1. 雙推按

　　甲方向右引帶乙方，至雙掌扶住乙方右臂時，身形略下沉，雙掌微踏乙方右臂，借乙方承接甲方的踏力向上抗爭之際，甲方隨之抖腰，雙掌以掌根之力，向乙方身後方向推按，使乙方向後跌出（圖5-16、圖5-17）。

圖 5-16

173

圖 5-17

2. 雙撞掌

甲乙方以右手相黏貼，甲方以身運化，以左掌向外滾動，分開乙方右掌；右掌則滾動，分開乙方左掌；繼而略向自身兩側後引帶，繼而身形略下沉再上挺，雙掌隨即推按乙方胸部，將其發放出去（圖 5-18～圖 5-20）。

圖 5-18

圖 5-19

圖 5-20

3. 捋

甲方與乙方纏繞一週後，右手輕扶乙方右手腕，左手扶執乙方右肘部位，向自身右後側捋帶，至身體右側乙方失中的情況下，左掌借腰的右旋力，向自己右外側帶動，使乙方向甲方右側傾倒（此式講的是右側的捋帶方法，左側捋帶方法與右側同，唯方向相反而已）（圖 5-21～圖5-24）。

圖 5-21

圖 5-22

圖 5-23 圖 5-24

4. 擠

乙方被甲方将時，如調整身形抽身回撤，甲方則乘勢
左手以小臂貼住乙方右臂，向外滾擠；左掌認住右脈，雙
掌合力向外滾動，將乙方擠出圈外（圖 5-25）。

圖 5-25

5. 掛

甲方與乙方接觸後，先向右側引帶乙方，繼而調整身
形向左旋腰，左掌擎握乙方右腕，右掌插入乙方右大臂

處，而後身形下沉，以右手為主，左手為輔，雙臂同時由上向下，再向右後側，迅速引帶，使乙方猝不及防，向甲方右後側跌出。此式也可以同樣方式掛動乙方左臂，向甲方左側撒放（圖 5-26～圖 5-29）。

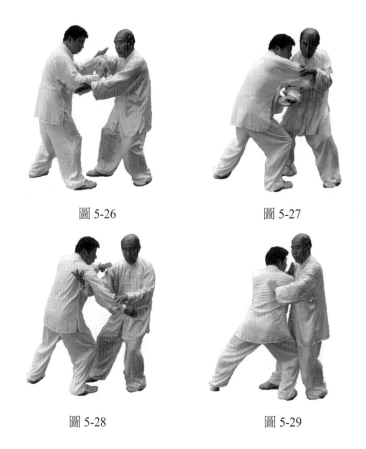

圖 5-26　　　　　　　　　　圖 5-27

圖 5-28　　　　　　　　　　圖 5-29

6. 梳頭照鏡

　　甲乙雙方互相推挽，乙方向上推甲方左臂，甲方承接住乙方雙掌的前推力，身形略下沉，小臂過頭向腦後引

領;同時,先向左旋腰,藉此右手掛住乙方左大臂根部,同時左掌扶持住乙方左腕,將乙方左臂繞至身前,右旋腰,雙臂同時用力,將乙方向甲方左側撒放出去(圖5-30～圖5-33)。

圖 5-30　　　　　　　　　　圖 5-31

圖 5-32　　　　　　　　　　圖 5-33

7. 肘　擊

　　甲方左臂纏繞到乙方右臂之上時,以左掌大拇指根部,掛住乙方右肘彎處,微向自己身前引帶;邊引帶邊向

左旋腰，至小臂幾乎貼住乙方右大臂時，迅捷向右側發力，以小臂撞擊乙方右大臂。

此時，乙方已經被引帶而失去平衡，在欲調整身形時被擊，即沿著調整身形的延長線，向自身左側跌出（圖5-34、圖5-35）。

<table>
<tr><td>圖 5-34</td><td>圖 5-35</td></tr>
</table>

8. 撅　臂

甲乙雙方進行推挽，待甲方雙手扶持住乙方右臂時，身形略下沉，向右略轉體；同時，右手下壓乙方右腕，並內旋握持住，左掌向上推乙方右肘，挺身向上，順時針撐轉乙方右臂，使其撲身跌倒（圖5-36、圖5-37）。

9. 吸　化

甲乙雙方互相推挽，甲方向前擠按乙方，繼而以雙手扶持乙方之雙臂肘彎處，借乙方前傾之勢，向自己身前引領，邊領邊向左或右側翻轉，使乙方失勢跌出（圖5-38～圖5-41）。

圖 5-36

圖 5-37

圖 5-38

圖 5-39

圖 5-40

圖 5-41

10. 掩 肘

　　掩肘在太極拳術中，是一種非常實用的技術動作，藉此可以衍生出許多很實用的技巧。掩肘，是以肘部在胸前劃圓的動作命名，有將肘部掩護起來的意思。

　　乙方搬甲方左臂，甲方在乙方向內翻轉甲左臂時，順勢將左肘向自己胸前掩別，繼而向左旋腰，與此同時將右手插入乙方右肩上，向右旋腰，左掌搬乙方右膝部，右掌向自身右下側捯動，雙掌藉腰力形成合力，將乙方向甲方右後側跌放出去（圖5-42～圖5-44）。

圖 5-42

圖 5-43

圖 5-44

太極拳推手中有諸多的應用技術技巧，理論上可達於無窮。以上十種僅僅是舉要而已。這些練習，純熟以後，自由組合，加之其他招式的應用，可將拳術水準不斷地推向新的高度。另外，以上所說，均指的右式的練習。

在實際訓練中，應左右式皆練，而不偏重於一側。同時在推手中，在見招拆招的過程中，要善於總結經驗，不斷學習探索新的方式。

隨著經驗的豐富，技術技巧的精熟，更多的技術技巧的變化應用，會不斷地翻新，出現在自己的拳術運用中。習練者需仔細揣摩，細心體會。

（三）活步推手

活步推手是太極推手的重要組成部分，也是提高太極拳技術技藝的必由之路，因此，推手不應侷限於定步，而應在定步的基礎上，向更高的層次邁進。

下面就活步推手練習的幾種基本方法，逐一介紹。

1. 進四退三

甲乙雙方進行推手，左腳在前，先定步纏繞，左轉三圈再右轉三圈。而後，甲方順時針旋轉到九點鐘位置時，向前擁擠乙方，隨即右膝提起，右腳由乙方左腿外側，經乙方左膝蓋部位向其中路落步。進而連進四步，乙方則後退三步。此時甲方左腳在前為虛步。繼而，甲方逆時針纏繞，乙方邁右腿，與甲方前面動作相同，前進四步，甲方則退三步。右步先進，而後換為左步進。

在換步時，進步一方多向前進一步；退後一方，多退

一步即可。另提步繞膝一方，
上左步時，雙臂是順時針纏
繞；提右步繞膝時，雙臂是逆
時針纏繞（圖 5-45）。

2. 活步盤旋

甲乙雙方先以定步推挽。
甲方順時針纏繞至乙方右側
時，右手握持住乙方右腕，左

圖 5-45

臂沿乙方右臂外側向內纏繞，裏住乙方右臂；同時，向乙
方右腿後上左步，繼而右旋腰，右腿齊膝高度堵阻乙方。

乙方被甲方捋擠處於不得勢之位，故以右臂牽制住甲
方，左掌則由上向下擋擊甲方右腿的阻擊，向前弧形上
步；並以上步牽引帶動甲方，至得機得勢時，乙方以與甲
方相同的動作，纏繞甲方。

右側熟練後改為左側，以後則不拘左右側，循環反覆
地練習（圖 5-46～圖 5-48）。

圖 5-46   圖 5-47   圖 5-48

3. 大　捋

大捋分為定步大捋和活步大捋。

(1) 定步大捋

甲乙雙方進行推手至甲方左側時，甲方右手握持住乙方右腕，左手半握拳以小臂貼住乙方右大臂，隨即右腳大步幅後撤成左弓步，隨撤步隨向自身右側捋擠乙方右臂。乙方隨甲方的捋擠，上右步於甲方左腿內側成右弓步。此時甲方與乙方兩腿相貼，甲方有內壓之意，乙方則有外撐之意，雙方處於平衡狀態。乙方左掌補手於自己右肩窩部位。繼而雙方以大的身形，按四正推手之方法進行推挽。雙方推挽三圈以後，甲方撤左腿，成右弓步；乙方上左腳，成左弓步，繼續推挽。如此甲方退三次後，改為乙方退三次（圖 5-49）。

圖 5-49

(2) 活步大捋

甲方撤右步捋乙方右臂，乙方則順勢擰腰旋臂，下潛身形跨右腳，自甲方身前向其右側前上步；隨即以右手握

持甲方的右腕，順時針向後轉體 360°，身體站直，雙腳
併步。隨乙方併步，甲方起身，左腳向右腳亦併步。此後
乙方撤右步，捋甲方右大臂；甲方同乙方動作，向甲方右
側潛身上步。

　　此時，雙方均是順時針旋轉大捋。在互相捋過幾個回
合以後，則改為捋左臂，逆時針旋轉大捋，直至回到原起
始位置（圖 5-50～圖 5-56）。

圖 5-50

圖 5-51

圖 5-52

圖 5-53

圖 5-54 圖 5-55 圖 5-56

4. 挽　花

甲乙雙方以兩小臂相黏貼。雙方步伐相同，甲撤則乙進，乙撤則甲進，不拘方向，自由邁步，按以下動作互相纏繞。

(1) 雙臂以先後順序，貼住對方之小臂，向內滾纏，繼而向外滾纏。

(2) 雙臂同時向內滾纏和同時向外滾纏。

(3) 雙臂同時順時針滾纏後，再逆時針滾纏。

(4) 單臂相接，雙方貼住。甲方順時針大搖臂，乙方相隨；邊搖邊兩人按順時針走圓圈。之後改為左臂相貼，甲方逆時針搖臂，乙方相隨。此後，乙方搖動手臂，甲方相隨（圖 5-57、圖 5-58）。

5. 小鬼推磨

甲乙雙方，以正常活步推手方式搭手。然後甲方以右臂承接乙方雙手，以內力掤住勁，引帶乙方逆時針方向走

大圈，約到半圈的位置，甲方提右膝，以左腳掌捻地，向右後轉體；左手以中指勾掛乙方右肘彎部位後，雙手推按乙方右臂。乙方掤住甲方的來力，搶先上步，由被領位置成為引領位置，繼續沿圓圈引帶甲方，至起始位置。完成一圈。在逆時針走幾圈後，甲乙雙方改為順時針走圓（圖5-59～圖5-61）。

圖 5-57

圖 5-58

圖 5-59

圖 5-60

圖 5-61

6. 背折靠

　　甲方纏繞住乙方左臂，實施撅臂動作，乙方則順勢將左臂貼近自己後背，向右後轉體，欲以右肩背靠擊甲方。甲方失勢，為防被乙方擊出，則順乙方轉體之際上步向左轉體。兩人背貼背各自轉體至相向時，以右腕相搭手，進行下一循環的練習。右側甲乙方各運行一次後，調整身形進行左側的練習（圖 5-62～圖 5-64）。

圖 5-62　　　　　圖 5-63　　　　　圖 5-64

7. 撅臂靠

　　甲乙雙方以活步推手，雙臂外挽花方式動作。當甲方左臂上撩起乙方右臂時，潛身形上右步，在乙方右臂下穿過，隨之以左手握持住乙方的右腕，向左後轉體；右手同時輔助左手握持乙方右腕，順時針撅轉乙方右臂。乙方被撅臂不得勢，則右臂主動彎曲貼住自己後背，向右轉體；同時，上提右膝至身前，以背靠緊甲方，反使甲方的撅臂動作失勢。繼而乙方右腳，向甲方右側落步。雙方在運行中調整身形，繼續進行挽花，由乙方穿行甲方。此後再進行左撅臂靠的練習（圖 5-65 ～圖 5-67）。

圖 5-65

圖 5-66

圖 5-67

8. 霸王扛鼎

　　甲方在得機得勢之時，握持住乙方右臂，以撅臂動作向上掀乙方右臂。乙方則順勢向前哈腰撤左步，向左旋體；同時，將頭鑽入甲方右腋下，將甲方雙臂扛於乙方右肩處，挺腰向上，將甲方扛起，向前上兩至三步（由於是練習，故此式至此，即可中止，不再進行更深層次的撒放）。此後，由甲方依上述動作，扛擊乙方（圖 5-68、圖 5-69）。

圖 5-68　　　　　　　　　圖 5-69

　　上述活步推手可以選一式練習，亦可選多式自由組合，進行綜合練習，總之不拘泥於一種方式。同時，在推手中可結合太極拳架中的招式，進行更高層次的演練。有了以上的基礎，有關更高層次的修練，讀者可根據自己的實際情況，進行更深入的研究。

　　藝無止境，有志於太極拳術者，只要認真學習，勤於實踐，善於總結，豐富經驗，則登堂入室不難矣。

（四）活步推手套路名稱

1. 活步推手一路——五龍攬海

(1) 紫薇轉影　　(2) 摘星換斗

(3) 五運六氣　　(4) 四隅大捋

(5) 犀牛望月　　(6) 怪蟒翻身

(7) 偷天換日　　(8) 翻江倒海

2. 活步推手二路——帶雨埋山

(1) 烏龍擺尾　　(2) 摘星換斗

(3) 撥雲見日　　(4) 雨燕尋巢

(5) 小鬼推磨　　(6) 將軍解甲

(7) 霸王扛鼎　　(8) 黃龍翻身

(7) 鷂子穿林

附　錄

✵ 練好太極拳的幾點體悟

太極拳強調體用兼備，內外兼修。她既是強身健體、卻病延年的手段，也是抵禦外辱、除暴安良、防身自衛的技藝。在她身上，蘊含著豐富的武學文化內容和古聖先賢的智慧結晶，以及優秀的民族傳統的道德修養。

練好太極拳，不僅形體上舒展大方，柔美協調，而且內力充盈，身心俱健；應敵對手中，強於轉化，以小搏大，以弱勝強。在生活實踐中，融匯太極拳的理論於工作學習中，亦多有裨益。

練好太極拳，除要加強盤架子和推手練習以外，還應該加強以下方面的修練，以便更好地把握太極拳的真諦，使技藝愈練愈精，而達於階及神明之境界。

1. 明 理

太極拳術柔美舒暢，安逸中和的外在表現，猶如長江大河，波濤不絕。其行雲流水，連綿不斷的運行方式，在中華武林獨樹一幟，形成特有的風格。而具體到每個個體而言，練好太極拳，不僅要在盤架子、推手等方面努力修練，而且對太極拳的理念要有正確的理解和認識。

何為太極？孔子云：「其大無外，其小無內，是為太極。」中國古代哲人解釋太極，是由陰陽兩方面相互依存、相互轉化、相互制衡而存在，並以運動中陰陽消長的變化，闡釋世間萬事萬物，產生聯繫、出現問題、最終達於平衡的內在關係。

在其學說思想的統領下，對具形的事物，以金木水火土五行相對應，並以相生相剋的關係，解釋其發生發展，生存消亡的具象。例如，在對應關係上。

五行	人體五臟	音律	顏色	方位	五行通臂拳
金	心	徵	赤	南	辟
木	肝	角	青	東	拍
水	脾	宮	黃	中	鑽
火	肺	商	白	西	摔
土	腎	羽	黑	北	穿

五行當中，它們之間的關係又以相生相剋而存在。

太極拳術運用陰陽五行的理念，於養生方面，是人體五臟（心、肝、脾、肺、腎）六腑（胃、膽、三焦、大腸、小腸、膀胱）穩固先天本源，得以後天滋養，達於強身健體，防病袪病，延年益壽之目的；運用於技擊方面，我則以逸待勞，立身中正，四兩撥千斤，無待敵之不來，而待敵之必敗也。

太極拳以太極圖推演拳術運行的特點。在太極圖中，外圓和中部的「S」形曲線，表示了陰陽消長、變化和運動機理。而其中黑白兩眼，表示陰陽相互包容，互為依託。而於陰陽中，又可分陰陽，闡明了陰陽的無限可分性。

太極拳術的運行路線，遵循太極圖推演的路徑而運動。陽極陰生，陰極陽生。互為依託，相互轉化，生生不息，運行不止。而這種生生不息的運行，又是漸進的、多元的。陽中還有陽，陰中還有陰。猶如莊子所說：「一尺

之極，日取其半，萬世不竭。」也如老子所言：「負陰而抱陽，中氣以為和。即知陰陽可知氣。氣有陰陽，屈伸相感之無窮，故神之應也無窮。」(《正蒙‧乾稱》)

正確的認識和理解氣、陰陽、五行的關係，對練好太極拳術具有重要的作用。太極拳行氣如九曲珠，運勁如抽絲，圓轉纏繞，環環相扣，行雲流水，都是在太極理念的統領之下，實施操作，從而做到動靜、虛實、開合、收放，內外兼修，剛柔相濟。

正如《易‧繫辭》中說的：「陰陽合德，而剛柔有體。」依此進行鍛鍊身心，周身氣血順暢無滯，五臟六腑各安其命，各司其職，無過無不及，內固根本，外強筋骨，精氣充盈，身體康健，養生自在其中矣。

太極拳勁力方面，要求一身備五弓，運勁如抽絲，力須達四梢（髮為血之梢，舌為肉之梢，甲為筋之梢，齒為骨之梢），強調氣的調理。指出血為氣之海，肉為氣之囊，氣生於骨連於筋，氣與四梢密不可分，運行於周身，滋養五臟六腑、四肢百骸。

經過由外及內、由內及外的反覆練習，內則心與意合，氣與力合，筋與骨合；外則手與足合，肘與膝合，肩與胯合，以達勁力的剛柔相濟，至剛至柔。

在臨陣對敵中，立身中正，內固精神，外示安逸，處處成圓，觸處成圓。挨到何處何處發，運化自如，做到時時處處，我順人背，而立於不敗之地也。

2. 心　靜

心靜是練太極拳的重要要求。在太極拳盤架子練習

中，以輕柔舒緩，優雅安逸，圓轉柔韌，剛柔相濟，流暢無垠的運動方式，展示了其特有的韻律美。

一趟太極盤架子，猶如行雲流水，連綿不斷；好似碧波盪舟，優哉游哉；又似逐漸展開的畫卷，美不勝收。每每完成一趟拳架的練習，體泰安舒，心曠神怡，有飄飄然之感，好似心靈受到一次洗禮。

而在推手中，隨屈就伸，不丟不頂，中正安舒，順勢而為，運化自如，空靈無滯，潛則深不可測，令敵無能測其陰陽，茫然不知所向；發則雷霆萬鈞，摧枯拉朽使敵瞬間傾倒。所謂「不激不厲，風規自遠」。以上這些都源於心靜。

太極拳的心靜，與其說是要求，莫如說是一種境界。這種境界，是與拳術的水準相關聯，相統一的。心不靜雜念叢生，則拳式動作，必受到影響，失去太極之意。所謂內有疾，必顯形於外。欲提高拳藝水準也難矣。

《四十二章經》中說：「人懷愛慾不見道者，譬如濁水以五彩投其中，致力攪之，眾人共臨水上，無能睹其影者。愛慾交錯，心中濁故不見道。若人漸解懺悔，來近知識，水澄穢除，清淨無垢，即自見形。」太極拳的心靜，於此說有相通之處。

做到心靜，盤架子時，要放鬆身心，擯除雜念，專心致志地投入拳術運動中。此時，關鍵要排除外部人為的干擾，心中除拳以外，別無他念。

起初，可在比較安靜的環境下練習，有了一定的功力以後，可以選有些干擾的環境練習，以致於在任何環境，都能不受干擾地專心習拳。

推手中，心靜強調的是動態的心理活動，所追求的是「蟬噪林逾靜，鳥鳴山更幽」似的境界。因為推手是接近實戰的訓練，雙方在互相推挽中，瞬間可分勝負（雙方技術相近的情況下，有可能多個回合難分伯仲，這也是常有的現象）。在這個過程中，雙方由接觸而感知對方來力的大小、方向、輕重、緩急等，能做到拳論中所說的「一羽不能加，蠅蟲不能落」，在錙銖必較的紛爭中，探知虛實，發現缺陷，把握時機，後發先至。

這種瞬息萬變的情況，以盤架子的心靜狀況，顯然不能適應這種境況的要求。這時的心靜，實際上強調的是「容」與「斥」的關係。因容而能化；因容而能變；因容使人不知我，而我獨知人；因容而遇強敵不懼，逐漸培養出，雖泰山崩於前，面不改色心不跳的大將風度。斥則不利於己，因斥則必逆，逆則必僵，僵則必轉換失靈，轉換失靈則必受制於人，受制於人不敗而何。

真正做到了心靜，無論是盤架子還是推手，抑或臨陣對敵，可以做到心定神閒，運化空靈，擊發迅猛，「陰陽不測，神用無方」。因此，在太極推手中，不允許以力抗力，撕拉扯拽、摟抱頂摔等僵拙笨憨式的爭強鬥狠。

如此推手，不僅太極拳功夫得不到提高，就是在盤架子中體味到的心靜，也會因此而消耗殆盡。有志於太極拳術者，不可不察也。

3. 求　真

太極拳以其獨有的風格，老少咸宜、體用兼備的特性，為眾多人士所喜愛，習練人數之眾，傳播範圍之廣，

為其他拳派所不及。然查習拳者中，形似者眾，知神髓者寡。往往見習拳多年者，於盤架子上有一定造詣，拳理上似乎也頭頭是道，鞭辟入裡地說出一些分析；但一經臨陣，心促氣短，身體僵拙，思竭手蒙，硬挺遲滯之態，又復歸身上，所習之術一無所用。似此習太極拳，幾乎等同於體操鍛鍊，於強身保健尚可，但作為一門武術，就有失之偏頗、捨本求末之嫌了。

　　太極拳術與中華武林界的不同形式、不同種類的拳術一樣，所提倡的理念是：抵禦外辱，防身自衛，強身健體，匡扶正義。只會盤架子，顯然不能承擔起這種理念所賦予的責任。事實上練習太極拳，如果沒有經過推手的深入研究和探索，只透過盤架子達到功力深厚，那麼這種所謂的功力是值得商榷和懷疑的（當然，會了盤架子和推手，就全然掌握了太極拳的真諦了嗎？也不盡然。太極拳藝與其他藝術一樣，追求是永無止境的。只有階段的高點，沒有窮盡的高峰。作為個體來說，終生不能盡其妙，是情理中的事）。出現以上問題，無外乎幾方面原因：

　　一曰，淺嘗輒止，不入堂奧。涉及太極拳或追潮流，或獵新奇，或人云亦云。只求知道，不求深造，屬不入其門，罔窺堂奧者也；

　　二曰，心躁志薄，意氣慵懶，往往一曝十寒，斷斷續續，雖言習拳多年，總計練功時間卻為有限，空有其習拳之名，而無習拳之實者；

　　三曰，自修不明，未曾覺悟，形成謬誤，欲深造而無方，向規矩而猶遠；

　　四曰，受誤導入歧途，欲求真而不可得。孟子言：人

之患在好為人師。一些人，自視甚高，剛學了一些所謂套路，以為已經掌握了太極拳術，迫不及待地四處招收學員，到處講學，而查其教案，多外形之擺架，少內外一理的貫通。猶如葉公好龍，自誤亦誤人。以上種種，雖不至傷人害己，然一經沾上，數載努力，終為竹籃打水，豈不惜哉。

練好太極拳，須有明白的老師。他可以不是名家，但必須是理通道明的指導者。如韓愈《師說》中所提倡的可以「傳道，授業，解惑也」。除此，即是後天自己的努力了。盤架子要能明白每招每勢的基本攻防含義，仔細研修式與式之間起承轉合的關係，拳術的韻律節奏，氣息的掌控，虛實開合的把握，等等。要認真地揣摩，使拳術與自身的自然條件產生共鳴。此時必須守規矩合法度，身不妄動，動必有由。

例如，左摟膝拗步的動作，左掌往前推，右掌置於右膝外側；當式子基本定式，並換入下一式之前時，雙掌心（勞宮穴）須有外凸的動作，然後恢復原狀引起下一式的動作。又如攬雀尾，捋後的擠，右手中指需在距左脈 2 吋許的位置，配合左小臂，隨擠隨徐徐向外滾動到位後（指至極致而不失中），才隨式運行轉入下一式。其運行的路線需自然飽滿，圓潤流暢，無缺陷處，無斷續處。

諸如此類的動作，必須細心地在盤架子練習中做到、悟到、體會到。同時，要進行推手的嚴格訓練。盤架子和推手，可以同時交錯進行，也可在盤架子有一段時間後，再進行推手練習。透過推手，感知自身動作的缺陷，明確各招式的基本應用方法，從而在盤架子中，姿勢準確優

雅，富韻律，有內涵。在實際應用上，做到從心所欲，使拳術愈練愈精，達到由招熟漸近懂勁，由懂勁而階及神明。故學習太極拳，如僅僅是盤架子，於健體不無補益；然欲求拳術真諦，則不可得矣。

4. 自 然

老子《道德經》中說：「域中有四大，而人居其一焉。人法地，地法天，天法道，道法自然。」《通玄真經》唐代默希子題注稱「自然，蓋道之絕稱。不知而然，亦非不然，萬物皆然，不得不然，然而自然，非有能然，無所因寄，故曰自然也。」

清代《樂育堂語錄》中稱：「煉丹之道，先要踏踏實實，從守中做起，然後引得本來色相出來。苟不踏實，何以凌空？故三丰云：凝神調息於丹田之中，蓋心止於臍下曰凝神，息歸於元海曰調息，守其清淨自然曰勿忘，順其清淨自然曰勿助。如此久久，心神暢遂，氣息悠揚，不假一毫人力作為，自然神無生滅，息無出入，俱是安閒自在。」

可見自然是行動體的自我協調，隨遇賦形，隨緣幻化，因其勢而然其然，如同河道之水，有蜿蜒有曲折，有奔騰咆哮，一瀉千里之態；亦有碧波蕩漾，微泛漣漪之姿。沿河道順勢而下，是自然的，是美的；如河水氾濫，則是不自然，是不美的。

太極拳就要追求人體的自然態勢。在輕柔舒緩，連綿不絕的招式遞進中，使自我身心得到鍛鍊，就是旁觀者也覺得心情舒暢，體態安逸。在推手中不僵不滯，不丟不

頂；不偏不倚，變化莫測；人不知我，我獨知人；查動靜於毫釐之末，稱輕重於錙銖之間；靜如山岳而難撼，動則雷霆萬鈞而摧枯拉朽。

太極拳的自然境界，是長期堅持不懈，持之以恆的努力而來的，不可能一蹴可幾。而且練拳，也不可放鬆文化的學習和道德的修養。深厚的文化底蘊和高尚的道德情操，對拳術的滋養，是其他物質所不可取代的。

如果僅以拳論拳，會落入古聖前賢所擯棄的「俗」，跌進一介武夫的窠臼。此乃習太極拳藝者，不可不知，不可不查之事也。

後 記

《張策傳楊班侯太極拳 108 式》是張喆先生於 1958
年 5 月 20 日完成的書稿。當時老先生在天津地區各大院
校和其他業餘團體等處教授太極拳，為教學需要，編撰了
這部教學大綱式的文稿，抄寫在一本勞模手冊上。張喆先
生於 1959 年 5 月 8 日逝世。

　　此書稿由其親傳弟子鄧鴻藻先生繼承。鄧先生作為五
行通臂拳的第四代掌門，責無旁貸地擔負起傳播五行通臂
拳和太極拳的責任，培養了眾多的武術人才，可謂桃李滿
天下。1987 年 9 月 1 日，鄧先生在毫無徵兆的情況下，
突然仙逝。此後書稿即保留在鄧先生之子鄧金明、鄧金生
兩兄弟處。

　　這冊書稿，是張喆先生晚年之作，從原稿中看，它主
要針對的是熟悉太極拳的讀者所寫，其中個別部分，稍顯
簡略；而且遺憾的是，本書稿只有文字，沒有任何圖像資
料。20 世紀 80 年代，鄧鴻藻先生即有願望，將該部文稿
配齊圖像，整理成一部完整的書稿。但因當年鄧先生籌備
組建天津南開武術館，任副館長兼任總教練，又在國內各
處教學、出國講學等，社會公益活動占用了鄧先生的許多
時間。加之計劃先將五行通臂拳資料整理出來等種種原
因，此書稿最終沒成形出版。

　　近年來，隨著改革開放的深入，國家繁榮昌盛，人民
安居樂業，生活水準普遍提高，人們對健康的追求越來越
強烈，尤其對中華民族古老的傳統武術，特別是對太極拳
的喜愛程度，超過以往任何時期。

　　我感覺張喆先生撰寫的這部書稿，雖然過去了近六十
年，但老一代武術家，赤膽忠心報效國家、願以自己平生

之技藝為強國強種、為人民健康服務的精神，躍然紙上。而且，書稿中對太極拳由理念建立到習練方法，由強身健體的方式，到實戰應用的技術技巧，從一個新的角度，做了較詳細、系統、全面的介紹，不失為一本具有可讀性、可操作性的佳作。

我自 20 世紀 80 年代初，開始跟隨鄧鴻藻先生學習這趟太極拳，三十餘年間，未曾一日間斷，受益匪淺。為將本套拳術繼承下來，更好地為人民健康服務，為國家建設服務，徵得鄧金明、鄧金生二人的同意，將張喆先生的書稿進行整理，配上本人的影像資料，完成了全冊書的加工工作，以此敬獻給廣大太極拳愛好者。如對大眾健康有所補益，對發展太極拳藝有所促進，則不勝榮幸之至。

本書整理過程中，紀衛東做了全部攝像錄影的工作；蔣銳、李慧謨、王學亮、侯全友、李鳳秋等人，幫助我做了很多的工作；南開文化局的領導及冉然、張偉儀等，給予了多方面的支持，牛虹珠對本書稿做了初步校對和審定工作，在此對這些人表示最誠摯的感謝。

韓寶順

太極武術教學光碟

太極功夫扇
五十二式太極扇
演示：李德印 等
(2VCD)中國

夕陽美太極功夫扇
五十六式太極扇
演示：李德印 等
(2VCD)中國

陳氏太極拳及其技擊法
演示：馬虹(10VCD)中國
陳氏太極拳勁道釋秘
拆拳講勁
演示：馬虹(8DVD)中國
推手技巧及功力訓練
演示：馬虹(4VCD)中國

陳氏太極拳新架一路
演示：陳正雷(1DVD)中國
陳氏太極拳新架二路
演示：陳正雷(1DVD)中國
陳氏太極拳老架一路
演示：陳正雷(1DVD)中國
陳氏太極拳老架二路
演示：陳正雷(1DVD)中國
陳氏太極推手
演示：陳正雷(1DVD)中國
陳氏太極單刀・雙刀
演示：陳正雷(1DVD)中國

郭林新氣功
(8DVD)中國

本公司還有其他武術光碟
歡迎來電詢問或至網站查詢
電話：02-28236031
網址：www.dah-jaan.com.tw

原版教學光碟

歡迎至本公司購買書籍

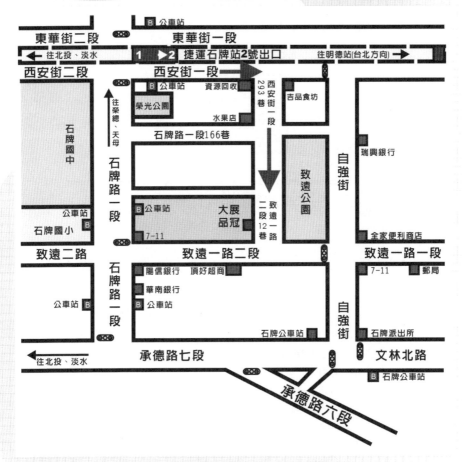

建議路線

1. 搭乘捷運·公車

　　淡水線石牌站下車，由石牌捷運站2號出口出站(出站後靠右邊)，沿著捷運高架往台北方向走(往明德站方向)，其街名為西安街，約走100公尺(勿超過紅綠燈)，由西安街一段293巷進來(巷口有一公車站牌，站名為自強街口)，本公司位於致遠公園對面。搭公車者請於石牌站(石牌派出所)下車，走進自強街，遇致遠路口左轉，右手邊第一條巷子即為本社位置。

2. 自行開車或騎車

　　由承德路接石牌路，看到陽信銀行右轉，此條即為致遠一路二段，在遇到自強街(紅綠燈)前的巷子(致遠公園)左轉，即可看到本公司招牌。

國家圖書館出版品預行編目資料

張策傳楊班侯太極拳 108 式／張喆 著；韓寶順 整理
——初版，——臺北市，大展，2017 [民 106.09]
　　面；21公分—（楊式太極拳：13）
　　ISBN　978-986-346-178-4（平裝）
　　1. 太極拳
528.972　　　　　　　　　　　　　　　　106011673

張策傳楊班侯太極拳108式

編　　著／張　　喆
整　　理／韓寶順
責任編輯／劉瑞敏
發 行 人／蔡森明
出 版 者／大展出版社有限公司
社　　址／臺北市北投區（石牌）致遠一路 2 段 12 巷 1 號
電　　話／（02）28236031，28236033，28233123
傳　　真／（02）28272069
郵政劃撥／01669551
網　　址／www.dah-jaan.com.tw
E-mail／service@dah-jaan.com.tw
登 記 證／局版臺業字第 2171 號
承 印 者／傳興印刷有限公司
裝　　訂／眾友企業公司
排 版 者／菩薩蠻數位文化有限公司
授 權 者／北京科學技術出版社
初版 1 刷／2017 年（民 106）9 月　　　　定價／380元

大展好書　好書大展
品嘗好書　冠群可期